立人天地

优教书系

三代人一起玩游戏

Modern Grandparenting
Games and Activities to Enjoy
with Your Grandchildren

【澳】琼·拉夫斯 著
June Loves
严晓琴 译

黑龙江出版集团
黑龙江教育出版社

版权登记号：08-2016-071

图书在版编目（CIP）数据

三代人一起玩游戏 /(澳) 琼·拉夫斯(June Loves) 著；严晓琴译. — 哈尔滨：黑龙江教育出版社，2016.9（2021.6重印）
ISBN 978-7-5316-8984-3

Ⅰ.①三… Ⅱ.①琼… ②严… Ⅲ.①儿童教育 - 家庭教育
Ⅳ.①G782

中国版本图书馆CIP数据核字(2016)第238503号

MODERN GRANDPARENTING-Games and Activities to Enjoy with Your Grandchildren by June Loves
Published by arrangement with Finch Publishing Pty Ltd through Bardon-Chinese
Chinese simplified translation © 2016 by Heilongjiang Educational Press Co. Ltd.
ALL RIGHTS RESERVED

三代人一起玩游戏
SANDAIREN YIQI WAN YOUXI

作　　者	〔澳〕琼·拉夫斯（June Loves）著
译　　者	严晓琴 译
选题策划	杨佳君
责任编辑	宋舒白　杨佳君
装帧设计	Amber Design 琥珀视觉
责任校对	周维继

出版发行	黑龙江教育出版社（哈尔滨市南岗区花园街158号）
印　　刷	北京时尚印佳彩色印刷有限公司
新浪微博	http://weibo.com/longjiaoshe
公众微信	heilongjiangjiaoyu
天 猫 店	https://hljjycbsts.tmall.com
E－mail	heilongjiangjiaoyu@126.com
电　　话	010—64187564

开　　本	700×1000　1/16
印　　张	21
字　　数	219千
版　　次	2021年6月第1版第2次印刷
书　　号	ISBN 978-7-5316-8984-3
定　　价	58.00元

目录

三代人一起玩游戏

Modern Grandparenting
Games and Activities to Enjoy with Your Grandchildren

序   1

1 / 第一部分　与孩子们一起做手工、玩游戏

关于本章   3
室内游戏和活动   5
艺术和手工活动   61
室外游戏和活动   128
户外冒险活动   180

249 / 第二部分　如何从容面对祖父母这一角色

隔代教养 101   251

明确祖父母的角色	252
孙儿们的成长历程	259
做好充足的准备	262
提前做好计划	268
孩子们前来拜访	272
当孩子们在你家过夜	274
哄孩子们睡觉	277
晚餐吃什么？	280
科技	282
给孩子零花钱	291
家庭规矩和行为管理	293
交流与联系	299
庆祝活动	305
旅行和度假	313
安全问题	318
紧急情况核对清单	325

序

欢迎来到祖父母的世界，这是一个令人兴奋、使人震惊并且富有挑战的世界。在不久之前，我和我的丈夫曾自诩为最有经验的成功的祖父母，对我们的十个孙子孙女（年龄从八岁至三十岁）疼爱有加。随后，我们又喜获两个曾孙——一个真正的曾孙子以及一只刚出生的小"狗孙"！

伴随着新生儿降生的兴奋和喜悦，现实问题出现了。从我们第一次当祖父母至今的这些年里，社会已经发生了翻天覆地的变化，父母对子女教育的态度和风格也发生了改变。因此，无论是有经验的祖父母，还是"新手"祖父母，可能都需要一个"进修"课程，这就是我们写《三代人一起玩游戏》这本书的原因。

本书的第一部分所展示的是众多经过时间考验的活动和游戏的集合成果——祖父母可以和孩子们分享的一些有意思的小活动以及可手工制作的有趣小物件，其中一些加入了新花样。这些活动和游戏的主要目的是使孩子们远离电视、电子设备和电脑屏幕，促进开发他们的想象力和创造力。

本书的第二部分主要是一些针对当下的祖父母可能面临的问题的一

些建议、提示和解决技巧的集合，让你能够从容应对当代祖父母这一至关重要的角色。本书涉及解决的问题包括：如何调整改善你在家庭中的人际关系；如何当一个远在千里之外的祖父母；如何处理新科技，如电子邮件、网络电话、脸书（Facebook）以及一些必要和不必要的设备；如何避免在含饴弄孙的过程中过度疲劳；如何对待你孙子、孙女们不同的成长阶段；如何应付学校的假期等等。

祝共享天伦之乐。

第一部分
与孩子们一起做手工、
玩游戏

Modern Grandparenting

Games and Activities to Enjoy
with Your Grandchildren

三代人一起玩游戏

　　玩游戏应当是一个合作而非竞争的过程。游戏记分能够提高玩家的兴致,但绝不能用分数的高低来证明玩家水平的优劣。如果在游戏过程中,分数的意义已经远远超过了游戏本身的意义,那么下次不要再玩这个游戏。

关于本章

你只需要提前做好规划和组织,就能和孩子们共享一段毫无压力的愉悦时光。回顾你在孩童时期喜欢参与的活动、喜欢玩的游戏,随后和孩子们分享。选一些经典的活动或游戏,当然,你也可以尝试一些新奇的玩法。

下文将要介绍的游戏和活动适合三岁至十二岁的孩童。选择匹配孩子们的兴趣点和年龄段的游戏和活动——当然,也需要匹配你自己的体能状况、能力水平和预算。

第一部分的活动、游戏、信息和温馨小提示分为四个部分:

室内游戏和活动:这些游戏和活动通常都是比较安静的室内消遣娱乐,但也有例外。

艺术和手工活动:这些活动可以很安静,但现场可能会被搞得乱七八糟。关键在于提前做好准备。

室外游戏和活动:这些游戏和活动耗费精力、嘈杂但是很有趣。

户外冒险活动:当你和孩子们步入室外后,你需要应对各种或大或小的冒险活动。

一开始，请选择那些孩子们感兴趣的游戏和活动。然后，逐步地引入一些能够挑战并开发孩子们的想象力和创造力的新游戏，在游戏的过程中逐渐建立和拓展他们的技能。你在规划活动时还需要综合考虑到当地的季节和天气状况。举个例子来说，春天十分适合园艺活动和观察鸟类。永远记得要准备好备用方案，以免天气有变化。

随着孩子们慢慢长大，原来和他们一起玩简单游戏所使用的工具和材料可以经过改造用来玩更加复杂的游戏。

若你需要为孩子们准备食物和饮料，本书所提供的食谱和做饭小技巧将保证你和孩子们度过一段健康有趣的用餐时光。

记住，意外总是突然发生，这就是意外的规则。所以如果你的游戏计划遭遇意外无法实现，不要气馁。有时候，仅仅是将孩子们夹在你的胳膊下，并让他们参与你的日常活动，对他们来说可能就是最有意义的游戏了。

注意：你的监管、关心和常识在你和孩子们一起玩游戏时永远至关重要。

第一部分 与孩子们一起做手工、玩游戏

室内游戏和活动

简介

当天气不佳时，或当你和孩子们需要一些安静的时光时，室内游戏和活动就是你们的最佳选择。在室内开展一个想象力游戏十分方便，你可以把一个大纸箱变成一个火炉、一个临时的小店、一艘海盗船或者一栋小屋，通常情况下，道具越简单越好。如此，你就可以和孩子们度过一段安静（但愿如此！）的游戏时光。

或者，在你的家中收拾出一个安全的区域让孩子们在那里玩棋盘游戏、拼图和纸牌游戏，或是进行写作和阅读活动。你需要确保你有合适的椅子以及你家中有这样一个平坦的游戏或学习区域。

（许多室内游戏的玩法——如纸牌和棋盘游戏——都是一个家族一代代传下来的。如果你发现本书中的一些室内游戏的玩法与你家通常所遵循的玩法不一样，请坚持你原来的玩法。）

温馨小提示

为了保证在游戏过程中所有人的人身安全，你必须制定一些基本的

规则，如：

- 不允许在室内跑动和跳跃！
- 不允许在室内扔球。

棋盘游戏

年幼的孩子们都喜欢玩传统的棋盘游戏，如蛇梯棋、大富翁。如今许多添加了新花样的传统游戏也吸引和挑战着年龄较大的孩子以及他们的祖父母。让孩子们带上他们喜欢的棋盘游戏来拜访你，并且在你的橱柜里长期准备一套棋盘游戏。

适用年龄：所有年龄段

需要准备的材料或工具：任何一款棋盘游戏

参与人数：两人及以上

玩法：

- 仔细地解释游戏的结构和规则；
- 玩家必须认同并遵循游戏规则；
- 与幼童玩游戏时，适度地简化和改变游戏规则；
- 在玩家兴致正高时结束游戏；
- 确保你将游戏零件都收拾好；
- 将游戏放在安全的地方。

记分：

玩游戏应当是一个合作而非竞争的过程。游戏记分能够提高玩家的兴致，但绝不能用分数的高低来证明玩家水平的优劣。如果在游戏过程中，分数的意义已经远远超过了游戏本身的意义，那么下次不要再玩这个游戏。

温馨小提示

在旧货售卖市场和慈善商店能够以便宜的价格买到棋盘游戏。

骨牌接龙

适用年龄：五岁至八岁

参与人数：两人

需要准备的材料或工具：一套多米诺骨牌——这是一款来自中国的古老游戏，一套多米诺骨牌共包含二十八块骨牌。多米诺骨牌的玩法在世界各地有不同的版本。其中，骨牌接龙是最简单的玩法。

玩法：

- 将所有的多米诺骨牌正面朝下放在桌上，然后洗匀；
- 每个玩家随机抽取七块多米诺骨牌；
- 将剩余的多米诺骨牌正面朝下放在桌子的中间位置；
- 骨牌牌码最大的玩家先出第一块牌；
- 下一个玩家出牌"接龙"。若骨牌正面两端的牌码不同，且一端的牌码与上一个玩家所出骨牌的一端牌码一致，则可将此两端相连。若骨牌正面的两个牌码一致，且与上一个玩家所出骨牌的一端牌码一致，则将此骨牌垂直放置于上一张骨牌的牌码相同的一端；

- 若玩家手中骨牌不满足接龙的条件，该玩家则需要从桌子中间抽取一块骨牌；
- 最先出完手中所有骨牌的玩家获胜。若在桌上所有的骨牌都已被抽取的情况下，双方手中依然持有无法接龙的骨牌，则骨牌牌码总和较小的一方获胜。

记分：

获胜者以其对手的手中所剩的骨牌牌码数记分。分数最先累计至一百分的玩家获得最终的胜利。

温馨小提示

年幼的玩家能接受的骨牌牌码最多至五，或者有可能他们只能玩带图片而非牌码的骨牌。在这种情况下，记分并不重要，游戏过程中的骨牌匹配接龙和乐趣才是最重要的。

益智拼图

益智拼图是一款能够有效地锻炼孩子们解决问题能力的游戏。

适用年龄： 三岁至十二岁

参与人数： 一人或一人以上

需要准备的材料或工具：

- 选择一款接近你的孙儿的游戏水平的益智拼图——年龄较大的孩子可以玩块数更多、更复杂的拼图游戏，年幼的孩子则适宜玩块数更少、图块面积更大的简单拼图；
- 选择一大块硬纸板或一个牢固平坦的平面作为游戏场地。一块可移动的牢固平面（如厚实的硬纸板）能够确保即使游戏还在进行中也可以转移阵地。

玩法：

- 将拼图的图块散落于一个牢固的平面上，有颜色的一面朝上；
- 找到所有的四角图块，将它们摆放在拼板上的一角；
- 将所有的直边图块集合在一起，随后按照颜色将剩余的图块归类分组；
- 一块一块地完成拼图。

温馨小提示

- 在旧货售卖市场和学校的游园会能以便宜的价格买到益智拼图——不过部分图块可能会缺失。

- 将拼图图块装在拉链袋里，并贴上标签，储存于拼图盒中，以免图块遗失。

手工拼图

孩子们可以用图片、画作或家庭照片来制作他们自己的特殊拼图。

适用年龄：三岁至十二岁

参与人数：一人或一人以上

需要准备的材料或工具：

- 来自旧日历或者旧杂志中的一张彩图、一张照片或者一套用来画画的美术工具；
- 一块硬纸板；
- 胶水；
- 一把画刷；
- 清洁性的丙烯酸涂料；
- 一把剪刀。

玩法：

- 将图片粘贴在硬纸板上；
- 胶水风干后，在图片表面刷上一层丙烯酸涂料；
- 涂料风干后，将图片连着硬纸板剪成小块。分解成的图块越多，图片复原的难度越大；
- 然后一起来玩这个拼图吧。

温馨小提示

- 全家福大图复印件对于孩子们来说是最棒的拼图。
- 孩子们可以将制作的明信片和写的信剪碎变成拼图,然后寄给他们的朋友。

纸牌游戏

一副纸牌能够让你和孩子们(无论年龄大小)共度几个小时的愉悦时光。纸牌也是很棒的学习工具。先玩简单的纸牌游戏,随着孩子们技术水平的提高,你们可以尝试玩更复杂的纸牌游戏。

1. 咔嚓

大多数的祖父母都会记得自己孩童时期玩过的有趣的纸牌游戏。你的孙儿们同样也会很享受这个游戏。

适用年龄:五岁至八岁

参与人数:两人或两人以上

需要准备的材料或工具:

- 一副纸牌。若参与人数为四人或者四人以上,则需要准备两副纸牌。

玩法:

- 将所有的纸牌平均地分给每个玩家,正面朝下。玩家需保持纸牌正面朝下、成堆地摆放在自己面前;
- 游戏开始后,每个玩家翻转自己面前纸牌堆上的首张牌,放到桌

子中间。若玩家所出的纸牌和上一家所出的纸牌不一样，则下一玩家继续进行翻牌，直到出现相同的纸牌；

- 第一个发现相同纸牌的玩家大喊一声"咔嚓！"就能赢得桌面上所有已被翻转的纸牌。赢家将赢得的纸牌收集整理好，正面朝下摆放在自己的纸牌堆底部；
- 直到一个玩家"咔嚓"了所有其他对手的纸牌，游戏才结束。

2. 动物纸牌

一款更为热闹的相近于"咔嚓"的纸牌游戏。

适用年龄：五岁至八岁

参与人数：两人或两人以上

需要准备的材料或工具：

- 一副纸牌。若参与人数为四人或者四人以上，则需要准备两副纸牌。

玩法：

- 每个玩家选择一种动物及其对应的叫声（如：小猫"喵喵喵"，小狗"汪汪汪"，小牛"哞哞哞"，公鸡"喔喔喔"，小蛇"咝咝咝"，小鸭子"嘎嘎嘎"）；
- 将所有的纸牌均匀地分发给所有的玩家，牌面朝下放在桌上。游戏开始后，每个玩家翻转自己的纸牌堆的首张牌，放到桌子中间；
- 当一个玩家翻转出一张桌上已有的纸牌时，第一个发出自己专属的小动物叫声的玩家赢得所有已翻转的纸牌；

- 赢得所有纸牌的玩家或赢得纸牌数最多的玩家获得最终胜利。

3. 纸牌配对

这一游戏同时考验着孩子们和祖父母们的记忆力！游戏的原理是记住纸牌的位置，并找到一致的纸牌进行配对。

适用年龄：所有年龄段

参与人数：两人至六人

需要准备的材料或工具：

- 一副纸牌。

玩法：

- 将所有的纸牌正面朝下分散地放在桌上或者地板上；
- 第一个玩家翻转任意两张纸牌。若这两张纸牌一致（如：两张A），则玩家拿走这两张牌。若这两张牌不一致，则将这两张牌继续正面朝下放置，轮到下一个玩家开始翻牌；
- 拥有最多配对纸牌的玩家获得最后胜利。

4. 钓鱼

这个游戏的目标是找到四张同样的牌（如：四张"K"、四张"5"等）。

适用年龄：五至八岁

参与人数：二至五人

需要准备的材料或工具：

- 一副纸牌。

玩法：

- 分发给每个玩家五张纸牌；

- 剩余的纸牌正面朝下放置，在桌子中间摆成一个"鱼池"；

- 游戏开始后，按照顺时针的顺序，发牌者左手边的玩家向下一个玩家讨要一张纸牌。打个比方，若玩家手中有一对"5"，则该玩家会向下一个玩家讨要一张"5"；

- 若下一个玩家手中正好有一张"5"，他必须将这张牌交出。若下一个玩家手中没有"5"，他必须说"鱼"；

- 此时，第一个玩家必须从"鱼池"中抽取一张纸牌，放入自己的手中；

- 若玩家从"鱼池"中抽取的这张纸牌正好是他所需要的纸牌，则该玩家需要说"我收回我的要求"，然后向原来的下家索要一张其他的牌。若抽取的这张牌不是他所需要的，则轮到下一个玩家进行游戏；

- 当收集到一套四张的纸牌时，玩家需将纸牌正面朝上放在桌上展示给其他玩家。然后轮到下一个玩家继续游戏；

- 第一个集齐手中所有纸牌的一套四张的玩家获得最终胜利；

- 找到所有纸牌的一套四张这一目标较难达到。所以，通常情况下，当"鱼池"已经空了时，拥有最多一套四张的玩家获得最终胜利。

5. 纸牌时钟

纸牌时钟是一项能够考验孩子们的耐心的游戏，许多祖父母对此十分熟悉。这款很棒的游戏能够教会孩子们保持耐心，并体会到几个小时单独游戏的乐趣。

适用年龄：八岁至十二岁

参与人数：一人

需要准备的材料或工具：

- 一副纸牌，挑出大小王。

玩法：

- 将十二张纸牌正面朝下围成一个圆圈，这十二张牌分别代表钟面上十二个数字的位置。然后在圆圈的中间正面朝下放置一张纸牌；

- 依照上述方法连续再发三轮牌，每轮发牌结束后都在圆圈的中间正面朝下放一张纸牌；

- 翻转中间四张纸牌中的任意一张，然后依据该纸牌的牌码将此牌正面朝上放置在"钟面"上适当的位置（举个例子，牌A放在钟面上一点的位置，牌J放在十一点的位置，牌Q放在十二点的位置，若是牌K，则正面朝上依旧放在圆圈的中间）；

- 将中间的纸牌放置在"钟面"上适当的位置后，抽取该位置原来最上端的纸牌，放到圆圈的中间；

- 若中间四张牌都是牌K，且其他纸牌都在"钟面"上对应的位

置，则玩家获得最后胜利。

温馨小提示

- 纸牌时钟是个需要靠碰运气才有可能获胜的游戏，所以孩子们不可能总获胜。祖父母要做好心理疏导工作，确保孩子们没有获胜也不会有挫败感。

6. 纸牌屋

只要有足够的耐心和一副纸牌，孩子们可以建造出令人惊叹的纸牌屋。

适用年龄： 五岁至十二岁

参与人数： 一人

需要准备的材料或工具：

- 一副纸牌；

- 一个不通风的房间中的一块平地,并且确保在这个空间中,小小"建筑师"不会受到打扰。

玩法:

- 首先从最简单的结构开始,用四张牌搭成一个盒子的形状;
- 玩家需要很小心地保持纸牌之间的平衡。(将四张纸牌横向地立在地面上,摆成四四方方的形状,纸牌可以稍微错开)需要有足够的耐心并且保持手的稳定,纸牌才能在地面上直立起来;
- 然后将一张纸牌平放在这个盒子上作为"屋顶";
- 继续向外扩建,不断增加纸牌,建成更大、更高的建筑;
- 也可以尝试三角形的纸牌屋。将两张纸牌纵向立起,下端分开,上端搭在一起。如此,搭起一排的三角纸屋,然后在上端平放纸牌作为"屋顶"。向上、向外扩建!

室内寻宝

适用年龄： 五岁至八岁

参与人数： 一人或一人以上

需要准备的材料或工具：

- 财宝——一个很小、很容易隐藏的物品，如一本书、玩具，或者珠宝；
- 一支笔（墨水笔或铅笔）；
- 便利贴或者小纸片；
- 向孩子们提供宝藏线索，一起完成室内寻宝游戏。游戏顺利进行的秘诀在于你需要提前做好准备。

玩法：

- 将财宝藏在家中一个不易被发现的地方；
- 写下一系列的线索，每个线索的内容指向下一个线索；（举个例子，线索"看看你爷爷最爱的椅子的后面"指引孩子们走向下一个线索，诸如此类。）
- 最后的一个线索指向宝藏所在地。

寻宝提示：

- 最开始留一个明显的线索来指引孩子们开始寻宝游戏；
- 将其余的线索藏好；
- 别把线索藏得太近；

- 有五六个线索的寻宝游戏可能会持续半个小时；
- 寻宝游戏所涉及的房间越多，寻宝的时间会越长，寻宝的难度也会越大；
- 确保孩子们能够读懂线索的内容。最佳线索应难易适度。

温馨小提示

寻宝过程中，祖父母的监督十分重要，因为孩子们的寻宝"小飓风"很可能会破坏了整个家庭物品的摆放布局。

杂志猎手

杂志猎手是一款很棒的室内游戏，非常适合在雨天的时候和孩子们一起玩。平时记得收集一些旧杂志备用。

适用年龄：五岁至十二岁

参与人数：一人或一人以上

需要准备的材料或工具：

- 用来列清单的纸和笔；
- 旧杂志和目录；
- 一把剪刀。

玩法：

- 列出一个包含二十个项目的清单，这二十个项目可以是物品、动物或人，在杂志中找到清单上所列出的所有项目；
- 祖父母可以提前列好清单，或是孩子们依次在清单中添加项目（举

个例子，一只昆虫、一辆车、一只狗、一块蛋糕或绿色的东西）；

- 将杂志堆放在一起，杂志小猎手们一次只能从一本杂志中剪下一张图片，然后把它放回中间，供其他人使用；
- 让孩子们在规定的时间内尽可能多地从杂志中找到并剪下清单上所列的不同物品；
- 剪下最多图片的玩家获胜。

温馨小提示

保留这些剪下的杂志图片，在下一个雨天开展另一个游戏——孩子们可以用这些图片制作剪贴簿，或者给他们从杂志上剪下的这些图片编笑话、编谜语、作诗。

小小收藏家

很多孩子从很小的年纪开始就热衷于收藏。若你自己本身也是个收藏迷，为何不和你的孙儿们分享收藏的快乐呢？指导孩子们学会收藏能帮助他们培养起一个终生的兴趣爱好。你可以从自己的收藏品中挑出一两件赠予他们，帮助孩子们开启他们的收藏之旅。

适用年龄： 五岁至十二岁

可收藏的小物品：

- 手稿；
- 橡皮；
- 邮票；

- 贴纸和标签；
- 石头；
- 徽章；
- 玩偶；
- 迷你汽车模型；
- 贝壳；
- 珠子；
- 硬币；
- 钥匙；
- 明信片；
- 游戏卡片；
- 书籍；
- 唱片；
- 企鹅、青蛙、大象、猫头鹰……

收藏提示：

- 增加收藏品的过程中，与伙伴们交换、交易是十分必要的，这一点需要向孩子们解释清楚；
- 不要让孩子们收藏那些昂贵的收藏品以及那些很难获得的收藏品；
- 永远要牢记收藏的黄金法则：

第一，自愿交换；

第二，只用富余的同款收藏品进行交换。

温馨小提示

祖父母可以指导孩子们如何保存他们的收藏品（举个例子，用相册或是容器来保存收藏品）。

秘密代码和暗号

秘密代码和暗号已经存在了几百年。在编写、破解以及和家人、朋友交换秘密信息的过程中，让孩子们以自己的方式来解码，能够激起他们极大的兴趣。

1. 字母代码

适用年龄： 五岁至八岁

参与人数： 一人或一人以上

需要准备的材料或工具：

- 墨水笔或铅笔；
- 纸张。

玩法：

- 准备一张字母表；
- 按照字母表的顺序在每个字母下方写出对应的代码；
- 将你想传递的信息转换成代码，然后交给同伴解码；
- 举个例子，若你设计的字母代码是A=B，B=C，C=D……那么CAT这个单词的代码就是DBU；
- 可以字母在上，代码在下，或者上网找一些其他的标注代码的方式。

2. 摩斯密码和旗语

适用年龄：八岁至十二岁

懂得摩斯密码/旗语的祖父母可以教对此着迷的孩子们如何使用。

3. 空格和逆序密码

空格和逆序密码令人难以捉摸，但对孩子们来说却充满乐趣。

适用年龄：八岁至十二岁

需要准备的材料或工具：

- 墨水笔或铅笔；
- 纸张。

玩法：

- 移除字与字之间的空格，举个例子：

  AFTERNOONTEAWILLBESERVEDATTWOOCLOCK

- 从后往前逆序地写下句子，举个例子：

  KCOLCOOWTTADEVRESEBLLIWAETNOONRETFA

- 打乱句子顺序，然后每五个字母（也可以是三个字母或四个字母）分隔开来，例如：KCOCL OOWTT ADEVR ESEBL LIWAE TNOON RETFA

- 解码后的句子是：Afternoon tea will be served at two o clock.（下午两点吃下午茶。）

4. 栅栏密码

无论是在设计上还是在解码上，栅栏密码都颇具挑战性。

适用年龄：八岁至十二岁

需要准备的材料或工具：

- 墨水笔或铅笔；
- 纸张。

玩法：

- 数一数某一句话中的字母的个数，若字母的总个数不能被2整除，则在这句话的最后添加一个虚拟的字母；

- 将句子"We will go to the beach after lunch（我们吃完午饭后要去海边）"拆分成两行写，去掉单词之间原有的空格。那么，这个句子将变成（整个句子看起来就像一排栅栏的尖头）：

    W W L G T T E E C A T R U C
    E I L O O H B A H F E L N H

- 分别按顺序写下两行的所有字母，将第二行的所有字母紧接在第一行字母的后面，去掉所有空格，此时，你将得到这样一行字母：

    WWLGTTEECATRUCEILOOHBAHFELNH；

- 在每四个（或者三个、六个）字母中间插入空格，打乱原有的句子，此时，原来的句子变成：

    WWLG TTEE CATR UCEI LOOH BAHF ELNH；

如何破解栅栏密码：

- 首先，平均地将这行字母一分为二，那么，这个句子就变成：

    WWLG TTEE CATR UC　　E I LOOH BAHFE LNH

- 将这行字母左半部分的第一个字母和右半部分的第一个字母组合，则得到WE；

- 将这行字母左半部分的第二个字母和右半部分的第二个字母组合，则得到WI；

- 继续上述的步骤，直到组合完所有的字母；

- 最后，你能得到这样的一行字母：

    WEWILLGOTOTHEBEACHAFTERLUNCH

适当地加入空格就能解码出原来的句子：

    We will go to the beach after lunch.

- 若解码出的句子最后出现了无用的虚拟字母，直接删除该字母。

5. 字母代码破译

适用年龄：八岁至十二岁

需要准备的材料或工具：

- 墨水笔或铅笔；
- 纸张。

破解字母代码的诀窍在于要牢记特定字母在一句话中出现的频率的高低。

- 在英语中使用频率最高的字母是E，其次是字母T，因此，一句话

中反复出现的字母很有可能是E或T。同时注意，最常见的单词首字母是T，而最常见的单词最后一个字母是E；

- 在字母表上，若按照字母被使用的频率排列，频率从高到低分别是：

  E T A O N R I S H D L F C M U G Y P W B V K X J Q Z

- 英语中最常出现的单词是：

  THE, OF, AND, TO, IN, IS, THAT, FOR, IT

- 只有一个字母的单词多半是字母A或I，有时候也可能是字母O；
- 字母U通常紧跟在字母Q后面；
- 单词中最常出现的双字母是LL,EE,OO,TT和FF；
- 单词中最常出现的三字母是：THE, ING, AND, ION, ENT；
- TH通常出现在单词的最前两个字母的位置；
- ER通常出现在单词的最后两个字母的位置。

温馨小提示

在编写字母代码时，不要使用标点符号。

6. 秘密信息

祖孙之间交换用隐形墨水写下的秘密信息是一件十分令人兴奋的事。秘密信息被整齐地叠好后，可亲手交给对方，也可藏在一个秘密信箱中让对方前去领取。

适用年龄：八岁至十二岁

需要准备的材料或工具：

- 一个柠檬；

- 一把小刀；
- 一个碗；
- 棉签；
- 纸张；
- 一个熨斗。

玩法：

- 用小刀把柠檬切成两半，将柠檬汁挤入碗中；
- 用蘸满柠檬汁的棉签在纸张上写下你要传达的信息；
- 对方拿到该纸张后，用加热的熨斗轻轻熨烫纸张，纸上的信息则会显示出来；
- 将纸张放入水中也可显示隐藏的信息。

温馨小提示

孩子们必须在祖父母的陪同下使用熨斗。

室内小屋

孩子们在室内玩耍时，一个人工搭建的室内小屋能够给孩子们提供充满乐趣的空间。

适用年龄： 三岁至五岁

需要准备的材料或工具：

- 可以用来搭建室内小屋的材料有很多，包括软质的装饰材料、椅

子、凳子、大的盒子；

- 旧床单、旧毛巾、旧羽绒被；

- 晾衣服用的衣夹（可以用来固定床单）；

- 泰迪熊、茶具以及其他小屋内的"必需品"；

- 一盏野营灯，将灯安装在小屋的顶部，夜幕降临时尤其有趣。

山洞、城堡或帐篷：在室内找一个合适的位置让孩子们搭建他们自己的临时小屋。软靠垫、旧地毯和旧床单可以被改造成城堡、帐篷、山洞以及任何小建筑师们脑洞大开创造出来的秘密场所。

纸盒小屋：装家用电器的大盒子可以被改造成很棒的室内小屋。这些盒子足够大，能够在盒子上剪出"门"和"窗户"，可以涂上孩子喜欢的颜色以及进行其他装饰。纸盒小屋的游戏更适合在室外开展。

原创小屋：会缝纫的祖父母可以用坚实的材料缝制一个适用于餐桌或牌桌的折叠式小屋。在旧桌布上缝上四面"墙"，然后在"墙"上剪出"门"和"窗户"。可以用丙烯颜料来装饰"墙面"。在阴天的时候，当你和孩子们玩完室内小屋的游戏后，你会发现将这个手工缝制的折叠式小屋收进壁橱是一件极其方便的事。（你可以从谷歌图片或手工艺品网站获得更多的灵感。）

简易小屋和隐蔽处：如果你的时间不充裕，需要立即准备好一个室内小屋，可以把旧床单或旧地毯盖在桌子上，变成一个简易小屋。或者，你可以将旧床单或旧地毯包裹在婴儿床的围栏外面。不过，你要确保这个简易小屋足够坚固，不会倒塌。

装扮游戏

孩子们都喜欢玩装扮游戏。装扮游戏能够让孩子们进入一个梦幻的世界玩耍。当你收集了一堆可以用来玩装扮游戏的衣物和饰品时,你会发现年龄较大的孩子们很喜欢向你借这些东西,因为这些东西可用于他们的学校表演、舞台剧表演、聚会装扮等等。

适用年龄:三岁至十二岁

需要收集的物品:

- 披肩、斗篷和大衣;
- 礼帽、制服帽、王冠和贝雷帽;
- 围巾、领带和手套;
- 假发和马甲背心;
- 鞋子(高跟鞋尤其受小女孩的欢迎,但高跟鞋存在安全隐患);
- 晚礼服;
- 珠宝——小珠子、耳环、羽毛;
- 手提包、皮带、领结和背带;
- 旧窗帘。

玩法:

- 打开你的衣柜,选出你一眼就爱上的那顶帽子作为开启孩子们梦幻世界的第一个道具;
- 请求朋友和亲戚们的支持,让他们送你一些适合玩装扮游戏的旧

衣物；

- 去二手店淘一些旧衣服和小道具；
- 将旧衣服和小道具进行彻底地消毒和清洁；
- 准备一面全身镜；
- 确保所有的衣服和饰品穿戴方便和安全。有时候你可能需要做一些改造，如改短衣服的下摆和袖子，将复杂的纽扣改成简易的尼龙搭扣（方便年幼的孩子穿戴）；
- 热爱缝纫的祖父母也可以亲自给孩子设计制作出非常棒的服装，如仙女服或海盗服。

温馨小提示

将所有的服装道具放在一个又大又结实的纸板箱里。孩子们可以给这个箱子涂上颜色或装饰这个箱子。

戏剧表演和才艺秀

孩子们都喜欢参加文娱活动，盛装打扮，进行公共表演。为什么不在家中安排一个场所，让你能够参与到孩子们的盛装打扮、唱歌活动以及表演活动中呢？

1. 举办才艺秀

当孩子们来拜访你时，组织一场才艺秀是非常有意思的。祖父母可以帮助孩子们准备家庭才艺秀节目，让孩子们能够向自己的父母和朋友们展示自己的才艺。

适用年龄： 五岁至十二岁

参与人员：

- 朋友和家庭成员。不需要他们表演的时候，孩子们也可以坐在观众席，并在每个才艺秀节目结束后热烈地鼓掌。当才艺演员和观众数量不足时，可以用家养宠物、玩具娃娃、玩具小熊或者其他玩具来替代；
- 节目现场协助人员。需要节目协助人员进行提前售票、指引席位、准备茶歇以及介绍演出节目。

如何准备：

- 确定好才艺秀的举办日期和具体时间。确保每个表演者都有足够的时间来进行节目规划和排练；
- 组织安排好节目的数量和顺序；
- 提前制作好节目单、门票和宣传海报；
- 安排好表演的场所。既可以在室内整理出合适的空间进行才艺秀活动，也可以在花园中搭建一个舞台；
- 准备好灯光、音乐、服装和道具；
- 为观众准备好座位；
- 准备好在节目间歇需要提供的茶点。

节目建议：

- 朗读或背诵一首诗；
- 舞蹈表演；

- 歌唱表演；

- 讲笑话；

- 哑谜猜字；

- 表演一出小戏剧来展示学校或家里所发生的事；

- 家庭卡拉OK，表演哑剧，或者跟着音乐大声唱；

- 表演杂技；

- 表演魔术；

- 宠物表演；

- 实际上，表演者可以表演任何他所想表演的！

2. 话剧表演

很多著名的演员、导演和制片人的早期作品也处于十分业余的水平。祖父母可以鼓励和激发孩子们进行表演活动的兴趣。

适用年龄： 八岁至十二岁

需要准备的材料或工具：

- 表演剧本；

- 演员、道具和服装；

- 观众。

如何开展：

- 协助孩子写好表演剧本。鼓励孩子发挥自己的想象力，帮助他们决定剧本中的角色应当说什么和做什么；

- 如果演员人数不够，可用玩具和宠物来充数。祖父母和孩子们可以同时表演多个角色或在台下配音；
- 找到合适的道具和服装，你可以从你的装扮游戏服装道具箱中找找看；
- 设计制作节目门票、节目单和宣传海报；
- 进行一场带妆彩排；
- 为家人和朋友举办一场首演之夜或午场演出。

温馨小提示

话剧表演需要多次彩排。在阴雨天或是无聊的日子，进行话剧彩排是一项非常棒的消磨时间的活动。

3. 搭建舞台

你可以在花园、阳台或者门廊处搭建一个拱形结构的台口，变成一个供孩子表演的舞台。向孩子们解释拱形台口在几百年前就已经在剧院中被使用，而且如今依然存在于很多现代剧院中。

适用年龄：八岁至十二岁

需要准备的材料或工具：

- 三块硬纸板（长250厘米，宽60厘米），若没有这么大尺寸的硬纸板，可以将几块小的硬纸板粘在一起使用；
- 油漆；
- 油漆刷；

- 强力胶或胶带。

如何搭建：

- 在三块硬纸板的背面标上编号1、2、3；

- 将硬纸板平放在室外的地面上，在纸板的正面涂上油漆；

- 等待油漆风干；

- 2号硬纸板油漆风干后，在纸板正面写上你的"剧院"的名字；

- "剧院"的名字风干后，用强力胶或胶带把1号硬纸板和2号硬纸板粘在一起；

- 然后，在2号硬纸板的另一边用强力胶或胶带连接3号硬纸板，组成一个拱形的舞台口；

- 将这个台口挨着门廊摆放或用绳子系在花园里的两棵树之间，就形成了一个临时的舞台。

4. 制作舞台幕布

一个临时的舞台幕布能够给表演营造更好的氛围。舞台管理人员应当等候在舞台的一侧，负责收放幕布。

适用年龄： 八岁至十二岁

需要准备的材料或工具：

- 匹配拱形台口大小的一大块布料；

- 大头钉或小钉子、一把锤子；

- 挂钩；

- 绳索和宽缎带；
- 在舞台旁准备一把椅子，供舞台管理人员使用。

如何制作：

- 在拱门内侧用图钉固定好幕布；
- 安装好挂钩、绳索或宽缎带，确保能够顺利地收放幕布。

看手势猜字谜

看手势猜字谜的游戏已经流传和娱乐了几代家庭。一人用肢体动作演绎出某个单词、书名、电影名或电视节目名，另一人则根据对方的肢体动作猜出正确的答案。

适用年龄： 八岁至十二岁

参与人数：

四人或四人以上（分成A、B两组）

玩法：

- A组的成员想出某个不少于两个音节的单词或词组（例如，"电影明星"）；
- A组其中的一个成员通过肢体语言演绎出这个词或词组，若所选的是个多音节单词，可以挨个演绎单词中的音节；
- 表演者用举起的手指个数来代表音节或单词的个数。每个音节或单词的位置可以通过对应的数字手势来说明；
- 伸开双臂，让双手掌心对掌心远离，表示对方要猜的这个单词很

长；
- 让双手掌心对掌心靠近，表示对方要猜的这个单词很短；
- "听起来像"这个词组可以通过拉长自己的耳朵这样的肢体语言来表示；
- 单词的复数形式可以通过勾在一起的手指来表示；
- 当B组的成员之一猜出了正确答案时，A组的表演者需要一手指着自己的鼻子，一手指着该成员，以此表示对方猜对了；
- B组只有三次的回答机会或必须在规定的时间期限内猜出单词；
- 三次机会过后或规定时间到后，则轮到B组进行肢体演绎，A组来猜单词。

音乐创作

对于孩子们来说，唱歌、跳舞和音乐创作是一种充满魔力的美妙结合。有音乐细胞的祖父母可能已经知道该如何向他们的孙儿们传递他们对音乐的热爱。有些祖父母则认为自己对音乐一窍不通，一个音符也不认识或连最简单的口哨都不会吹，但即使是这样，也不妨碍他们和孩子们一起愉快地开展音乐活动。

适用年龄：三岁至十二岁

活动人数：不限

需要准备的材料或工具：

- 乐器，若家中没有可以借。从玩具馆通常可以借到乐器、麦克风或其他音乐道具；
- 乐器玩具；
- 任何能制造出声音的东西，如冰激凌碗、木头勺子、一保鲜盒的大米等；
- 从当地的图书馆借来的音乐磁带或音乐光盘。

给"没有音乐细胞"的祖父母的温馨小提示
- 与孩子共享音乐没必要非得演奏一种乐器。音乐就在我们身边，很容易就能获得；
- 给年幼的孩子们唱童谣或你小时候所唱的歌谣；
- 尽量不要给大孩子唱歌，因为只要你一跑调，他们马上会发现；
- 你可以播放音乐光盘或倾听孩子们演奏乐器或唱歌；
- 无论你喜欢什么类型的音乐——古典、爵士、摇滚、流行——记得与孩子们分享音乐带给你的快乐；
- 听不同类型的音乐，记得听听你年龄较大的孩子所喜欢的音乐；
- 孩子们进行音乐演奏时，帮助他们开发麦克风的魔力——无论年长或年幼，音乐道具或者家庭卡拉OK都能增强孩子们演奏的信心。

舞蹈

无论对于祖父母还是孩子们来说，舞蹈都是一种令人愉悦的释放，能够点亮沉闷的一天。

1. 建造家庭舞池

探索所有形式的舞蹈——尤其是那些你已经知道的舞蹈或你想要学习的新舞蹈：爵士舞、芭蕾舞、踢踏舞、现代舞、民族舞、方块舞、交谊舞、扭摆舞或摇滚舞。

适用年龄：三岁至十二岁

活动人数：不限

需要准备的材料或工具：

- 一个开阔的室内空间，或去室外跳舞；
- 光盘播放器、音乐光盘或其他形式的音乐。

玩法：

- 清出跳舞所需的场地；
- 找一些令人翩翩起舞的音乐，播放它们！
- 与孩子们在你们的舞池里随意舞蹈：摇摆、扭动、跟着音乐轻踏地板、做芭蕾动作、滑行；
- 当孩子们跳舞时，站在舞池之外指导他们；
- 与年龄较大的孩子一起跟着录像带或舞蹈教学视频学跳舞。你需要做的仅仅是打开音乐和迈出舞步练习。

温馨小提示

年龄较大的孩子需要为班级舞会做准备，祖父母可以出谋划策，帮助他们学习舞步。

2. 彩带舞

五光十色的彩带是深受孩子们喜欢的一种舞蹈道具。在壁橱中收藏一些彩带，当孩子们来拜访你时，这些彩带就能派上用场了。

适用年龄：三岁至八岁

参与人数：不限

需要准备的材料或工具：

- 各种颜色的彩带或绉纸；
- 光盘播放器、音乐光盘或其他形式的音乐；
- 一根大约30厘米长的小木棍或其他类似的东西；
- 胶带。

玩法：

- 将彩带或丝带剪成两米长；
- 从一根彩带开始练习，探索如何让彩带在空中翩翩起舞；
- 设计出彩带在你的头顶时的动作和彩带接近地板时的动作；
- 设计出彩带上下飘动时的动作；
- 用彩带舞出一个阿拉伯数字"8"，开始是小"8"，掌握窍门后"8"可以越来越大；
- 伸直手臂，用彩带舞出大大小小的圈圈；
- 掌握了舞动一根彩带的技巧后，尝试使用两根彩带跳舞，一手持一根彩带；
- 然后，开始尝试移动身体的位置，手持彩带从一个地方舞动到另一个地方；

- 尝试跳跃、跑动和边走边舞；
- 找一些能够和孩子们的彩带舞美妙结合的音乐。若找不到这样的音乐，你可以唱一首歌或哼个小调为孩子伴奏；
- 若你愿意尝试，可以将彩带用胶带粘在小木棍上，然后就可以手持小木棍让彩带翩翩起舞了；
- 从网络上找一些彩带舞的视频学习，这些视频会让你惊叹。

3. 有氧舞蹈

跳有氧舞蹈令人感觉充满活力，身心愉悦，当然，还有益于你和孩子们的健康。

适用年龄： 五岁至十二岁

参与人数： 一人或一人以上

需要准备的材料或工具：

- 光盘播放器和音乐光盘或其他形式的音乐。

玩法：

- 选择清晰的、节奏感强的音乐，音乐的播放长度大约为二十分钟；
- 想出属于同一类型的舞步，并给每个步子排序组成一支舞。举个例子，你可以慢跑至某个地方，然后向前、向后跳，分别用左右脚单脚跳跃，然后做立定跳远（双脚合拢站立，双脚分开跳跃）；
- 用纸笔记下你设计的舞步以便于记忆；
- 不断重复练习。

温馨小提示

- 有氧舞蹈能够促进心脏、肺部以及其他身体器官的氧气供给。享受有氧舞蹈，但注意一开始不要过度锻炼。
- 观看电视上播放的有氧舞蹈课程，记下动作。这会给你的舞蹈活动带来更多的创意和灵感。

讲故事

给孩子讲故事是一项持续了几个世纪的传统活动，而且这项活动几乎不需要借助任何设备。无论对于讲故事的人还是听故事的人来说，讲故事都是一个扩展想象力的过程。祖父母可以与孩子们分享讲故事的技巧，然后与孩子们角色互换，让孩子们来给他们的祖父母讲故事。

适用年龄：三岁至十二岁

参与人数：不限

需要准备的材料或工具：

- 墨水笔或铅笔；
- 纸张。

做法：

- 写下你将要讲述的这个故事的开头、中间和结尾的一些关键句子；
- 好好练习和完善你的故事描述。在镜子面前练习你的语言组织能力和面部表情。你需要描述故事中的人物，设计一个场景，创造出很多激动人心的时刻和动作来让这个故事在你的描述下变得活

灵活现；

- 在讲故事的过程中，保持和孩子的眼神交流；孩子开始表现出坐立不安时，给你的故事增加一些令人激动的元素；
- 学会在讲故事的过程中使用不同的声音，例如，用粗哑的声音来表现坏人，用柔和的声音来表现好人，用低沉的声音来表现熊，用尖厉的声音来表现老鼠；
- 改编传统的民间传说和神话。将孩子们、亲友们的名字以及其他细节编进故事里能够让故事变得更加具有个人色彩；
- 在讲故事的过程中使用一些道具，如魔法戒指或魔法帽，能够给讲故事的过程增加一些魔法色彩；
- 玩偶是非常合适的讲故事道具，能让故事变得栩栩如生；
- 孩子们喜欢听关于他们的父母的故事——他们的父母小时候干的傻事对他们来说是极其精彩的故事。

温馨小提示

- 许多祖父母来自有讲故事传统的家庭。回顾你小时候听过的故事，将这个故事讲给你的孙儿们听。
- 对于你的小听众来说，听故事是一个令人舒心、平静的过程——在紧急情况下，讲故事能够有效地消磨时间。

书籍和阅读

阅读是祖孙之间可以共享的最好的活动之一。一起阅读能让双方一起度过一段愉快的时光,让孩子们看到你沉迷于书籍时的愉悦放松也能鼓励孩子们爱上阅读。

适用年龄:五岁至十二岁

参与人数:不限

需要准备的材料或工具:

你最爱的书籍——可以是图画书、小说或是非小说类作品,只要这本书能够让你和你的孙儿们感兴趣就行。

如果你有电子书阅读器或诸如平板电脑、智能手机之类的电子设备,你可以购买电子书,或从图书馆借阅电子书。许多深受孩子们喜爱的图画故事书改编成电子版后变得更有娱乐效果,例如,孩子们点击阅读器的电子屏就能让屏幕上的小狗摇尾巴,手指轻划页面就能实现翻页。

一些祖父母可能还记得,在他们小时候,长辈总是鼓励男孩看一些充满刺激情节的书籍,而女孩则被认为应当读一些"优雅的"女性故事。如今,阅读已经没有了性别鸿沟,无论是男孩还是女孩,都可以阅读各种类型书籍,而且,适合年幼读者的书籍的种类和范围也十分广。

发掘出孩子们的阅读兴趣点,了解他们的阅读水平。帮助他们选择适合他们阅读的书籍——科幻小说、冒险故事、奇幻小说、悬疑故事、动物故事或笑话故事。给年龄大一些的孩子们看的书通常应当是那些基于现实并且探讨家庭和人际关系本质的书籍。

阅读儿童小说并和孩子们一起讨论书中的情节和人物——哪些部分你认为很精彩,哪些部分你认为无聊至极。甚至,你可以和孩子们成立一个读书俱乐部——大家一起在设定的时间内读完一本书,然后互相分享对这

本书的感受。

与孩子们一起大声地读出书本的内容有助于孩子们理解故事的大概结构并加深对一些词语的理解。小读者们往往喜欢表现他们的阅读能力，虽然在大声朗读的过程中他们可能会略感吃力，但你会发现，他们丝毫不会因此感到厌倦而停滞不前。一起朗读书本内容，让孩子们独立朗读一页或一小章能够让阅读的过程进展得更加顺利。

当孩子们读错字时，不要立即打断他们，等到孩子读完一页或是读完整个故事（故事很简短的情况下）再告诉他们哪个字读错了，并告诉他们正确的读法。

孩子们阅读时可能会依照文章的大意来理解他们不懂的词语，例如，当他们读到"单脚跳行"的时候，可能就会把这个词理解为"跳跃"，词语的主体意思能够保留。在遇到不懂的词语时，他们会把个人的经验和知识积累运用到对词语的理解上。

"停顿、提示和称赞"是能够促进年幼的孩子提高阅读能力的一种策略，这种策略在学校教育中被广泛使用。

当孩子们遇到不懂的词时，停顿八秒——然后通过问一些问题来提示他们：

- 这个单词的第一个音节是什么？
- 这个单词中还有别的什么音节？
- 让他们观察一下这个词有多长，是什么形状的，然后问他们"你认为这个词是什么意思？""这样理解对吗？""这样看起来对吗？"以及"这样读起来对吗？"。

对孩子们的努力给予大力称赞。

一些孩子并不爱读书。对于这些孩子来说,被改编成儿童电影的图书是比较好的选择,分成很多小章节的图书以及非常符合儿童兴趣点的图书也比较合适。儿童图书销售员能够帮你找到合适且吸引孩子们的书籍。

别忘了可以与孩子们共享一本书——你看了好多页,孩子们可能只看了几页。而且,不要忽视非小说类图书。有很多令人兴奋的图片且文字部分易于理解的资料书也是不错的选择。有些孩子天生更喜欢读非小说类的图书,他们可能更喜欢空间、飞机或恐龙,而不是哈利·波特(Harry Potter)魔幻小说。

多去当地的图书馆。如果你还没有借书证,去办一张。当孩子们来拜访你的时候,你可以从图书馆借一些书来给孩子们阅读。与友善的图书馆管理员聊一聊,了解一下哪些书符合孩子们的阅读兴趣和阅读能力。看看时下哪些书是"最酷"的,谁是最受欢迎的作者。图书馆管理员会很愿意帮助你选择符合你孙儿们阅读水平的书籍。

有声读物和光盘是很棒的阅读资源。你可以从当地的图书馆借到,也可以购买到。在自己的家中建立一个小小的图书馆。对于孩子们来说,有声读物和光盘能够帮助他们阅读那些他们自己无法独立阅读的故事。给孩子们选一些你小时候喜欢听的故事,或者选一些新故事。

图书是祖父母送给孩子们的最特殊的礼物。你可以与孩子们一起逛书店,一起选书、购书或一起在网络上寻找电子书。如果你在自己的家中收藏了一堆你喜欢的儿童读物,那么,与孩子们一起分享它们。

温馨小提示

- 在二手书店、二手图书市场和在线阅读网站上都有可能找到你小时候喜欢读的那本书。
- 当孩子们觉得你读的这本书很难理解时,毫不犹豫地换一本更简单的。

小小厨师

与孩子们一起烹饪是一项很有意思的活动。通过与你一起做饭,孩子们能跟着你学到方方面面的知识:数学、科学、技术、阅读和写作、动作技巧、共享精神、次序意识和耐心。烹饪也能锻炼孩子们的独立性和信心,并教会他们重要的生活技能——此外,烹饪还十分有趣!

如果孩子们参与了烹饪的过程,那么他们有可能会更喜欢这个食物。一开始你可以与孩子们一起做一些他们喜欢吃的食物,然后你就可以和孩子们一起去探索更有挑战性的食物了。

适用年龄:三岁至十二岁

参与人数:不限

食品储物柜中需准备的物品:

- 水果罐头,尤其是杏子、李子和桃子(可以用它们做甜点或早餐);
- 各种米、面;
- 冰激凌和酸奶;

- 番茄酱——搭配意面食用；
- 速冻豌豆和其他蔬菜；
- 新鲜的洋葱和土豆；
- 奶酪；
- 做蛋糕、薄煎饼和司康饼的各种原材料或已调配好的混合材料；
- 各种涂抹酱，如花生酱、黄油、果酱、果冻、蜜饯；
- 鱼罐头，如金枪鱼和大马哈鱼罐头；
- 茶叶和咖啡；
- 可可粉或巧克力混合饮料。

温馨小提示

当孩子观察或参与你的烹饪时，将你最珍贵的食谱传授给他。

只有在祖父母的密切监督下，孩子们才可以使用刀具和其他厨房用具。在孩子们开始烹饪前，好好向他们解释清楚你的"厨房原则"，例如：

- 烹饪之前需要得到你的允许；
- 烹饪之前要洗手；
- 烹饪的时候要系上围裙，并且要把头发扎在脑后；
- 当触摸较热的锅碗瓢盆时，需要使用隔热手套或防烫垫（只有在孩子们完全能驾驭盘子的情况下才能允许他们端盘子）；
- 孩子们对炉子和烤箱等厨房设备的操作需要在祖父母的监督下才能进行。

年龄非常小的孩子（三岁至五岁）能在厨房里帮忙做些省力的活

计，打打下手，例如，将香蕉切成段做水果沙拉、磨奶酪粉、装饰蛋糕和甜点、剥豆子和给胡萝卜削皮等。

年龄稍微大一些的孩子（六岁至八岁）可能还不会生炉子，但你可以教他们如何安全地开、关，如何使用微波炉、烤面包机以及其他厨房设备。

八岁和八岁以上的孩子能够处理一些灶边的工作，在祖父母持续的密切监督下能够独立生炉子；十岁的孩子可能只需要祖父母偶尔的帮忙。允许孩子寻求帮助。告诉他们即使是顶级大厨有时候也需要别人的帮助。

培养孩子们清理厨房的热情，让他们像喜欢做饭和吃饭一样喜欢清理厨房。即使是年龄很小的孩子也能做下列厨房清洁的工作：

- 将剩余不用的食材以及未被使用过的厨房设备收拾好；
- 洗餐具，从最不脏的碗开始洗，如玻璃器皿和碗，然后洗比较脏的平底锅和烘烤用的铁器皿；
- 餐具洗干净后彻底擦干，然后收好；
- 如果家里有洗碗机，将餐具叠放进洗碗机清洗，洗好风干后记得将餐具收好；
- 用干净的抹布擦拭灶台；
- 拖地；
- 清理垃圾。

给孩子喂饭有时会比较棘手。一些孩子特别偏食——而且今天喜欢吃的明天可能又不爱吃了。祖父母需要在保证健康饮食的前提下尽量让孩子开开心心地吃饭。

允许孩子们参与菜单的规划、买菜和做他们自己想做的菜。带孩子们去参观农场，从而让孩子们理解食物是从哪里来的。允许孩子们从你的菜园里摘取蔬菜来完成他们的菜肴。下列是其他的几点建议：

- 阴雨天时，可以在家举办一场"地毯野餐"——又一项消磨时间的好活动。警告：保护地毯不要被各种食物弄脏；
- 孩子们能装扮出非常美观的餐桌——这能让一顿简单的家常便饭变成一场节日盛宴；
- 教会孩子摆放和上餐盘（或花朵）能让家里的其他人更开心；

注意：在孩子们使用炉子、烤箱和其他烹饪工具时，祖父母需要全程监督。

温馨小提示

可惜的是，在孩子们来看望你的短短几天里，你可能很难改变他们的饮食习惯。

1. 传统比萨

比萨是孩子们的最爱——也是吸引孩子们走进厨房的一个最佳诱因。

适用年龄：三岁至十二岁

参与人数：不限

需要准备的材料或工具：

- 一个陶罐；
- 量杯和量勺；
- 两个大碗；

- 两个烤箱；

- 两个大而圆的比萨烤模。

当你准备好了做比萨的生面团后，你会发现孩子们很享受揉面团的过程。

注意： 你应当提前两个半小时开始准备，以便能在原定的开饭时间吃上比萨。

食材：

- 满满一勺的干酵母；

- 一杯热水；

- 半勺糖；

- 两勺特级初榨橄榄油；

- 400克中筋面粉；

- 一勺食盐；

- 三勺意大利番茄酱；

- 比萨饼顶配料（可以选择乳酪、火腿、菠萝、牛至叶、橄榄、蘑菇等）。

做法：

- 将酵母、水、糖和油一起放入陶罐中搅拌直至溶解，随后将陶罐放置一旁直到罐内的混合物发酵并起泡；

- 将面粉和食盐放入一个大碗中；

- 将之前准备的酵母混合物倒入大碗中，和面粉与食盐充分搅拌直至形成一个松软、不粘碗的生面团；

- 将生面团放在一个撒了一层面粉的桌面上揉大约5分钟。揉的时候，向远离自己的方向推面团，然后再将已变成长条形的面团揉成一个球，重复这一过程；
- 当生面团已经被揉得松软、有弹性后，将面团放入一个大碗中并在面团表面刷上一层橄榄油，然后用毛巾盖住面团，在较温暖的地方放置60分钟至90分钟，静待其发酵；
- 将烤箱预热至230摄氏度；
- 当面团已经发至两倍的体积时，从碗中取出再揉5分钟以上；
- 将面团分成两团，分别放置在涂抹过润滑油的比萨烤模上；
- 用手按压面团，以便面团能够填满烤模，面团可以稍微超出烤模的边缘，这样有利于形成比萨外侧的硬壳；
- 除比萨外侧边缘外，将番茄酱均匀地抹在比萨上；
- 撒上你准备好的比萨饼顶配料；
- 将比萨放入烤箱中烤15分钟至20分钟直到饼顶配料变软，并且比萨的底部变成棕色。

温馨小提示

- 面团应当松软、有弹性，若面团太黏，可以再加一些面粉；
- 孩子们喜欢做给比萨饼顶加配料的工作。

2. 速食比萨

制作速食比萨不需要揉面，也不需要等待生面团发酵。

适用年龄：三岁至十二岁

参与人数：不限

需要准备的材料或工具：

- 一个烤箱；
- 两个大而圆的比萨烤模；
- 量杯和量勺；
- 一把菜刀；
- 一块切菜案板；
- 一个大碗；
- 一根擀面杖。

食材：

- 比萨饼顶配料，诸如火腿、培根、大虾、香肠、洋葱、红椒、青椒、蘑菇、去核的橄榄、去壳的豌豆、罗勒叶、香蒜酱等；
- 一杯低筋面粉；
- 四分之一杯食盐；
- 四勺至六勺希腊酸奶；
- 一勺橄榄油；
- 蒜末；
- 三勺意大利番茄酱；
- 125克马苏里拉奶酪粉。

做法：

- 将烤箱预热至220摄氏度；
- 给比萨烤模涂上润滑油；

- 切碎比萨饼顶配料；
- 将面粉、食盐和酸奶在碗中充分混合直到形成一个松软的面团；
- 将面团压扁放置于已经涂上润滑油的烤模上；
- 在面饼上刷上一层油并撒上蒜末和抹上番茄酱；
- 将一半的奶酪粉撒在饼顶，随后按照自己的设计撒上饼顶配料；
- 将剩下的一半奶酪粉撒在饼顶配料上；
- 将比萨放入烤箱中烘烤15分钟至20分钟直到饼顶配料变软且面饼底部变成棕色。

温馨小提示

若孩子们十分饥饿，皮塔饼和吐司可以代替面饼，孩子们可以随意在上面添加他们喜欢的配料。

烹饪故事书中的美食

孩子们都很喜欢听一些传统的故事——并参与烹饪和享用故事中提及的美食。

举个例子，与孩子们分享了三只小熊的故事后，你可以与孩子们一起煮粥；与孩子们分享了姜饼人的故事后，你们可以一起制作小饼干；与孩子们分享了小红母鸡的故事后，你们可以一起烘焙面包；与孩子们分享了神奇的意大利锅的故事后，你们可以一起煮意大利通心粉；与孩子们分享了石头汤的故事后，你们当然可以一起煲汤。

1. 石头汤

一起煮石头汤能够很好地引导孩子们吃蔬菜。石头汤是一个传统的民间故事，你可以在图书馆或网络上找到这个故事。故事的主要内容是：一个陌生人拜访一家人，这个陌生人通过耍花招，自己仅仅贡献了一颗石头，就骗得这家人煮了一锅美味的蔬菜汤。

适用年龄：三岁至十二岁

参与人数：不限

需要准备的材料或工具：

- 一颗非常干净的"魔法"石头（石英是个不错的选择，它非常干净且不会被煮碎）；
- 一口带盖的炖锅；
- 一把大汤勺；
- 一把菜刀；
- 切菜案板和面包刀；
- 一个蔬菜去皮器；
- 量杯和量勺；
- 汤碗若干。

食材：

- 一勺油；
- 一颗洋葱，去皮，切碎；
- 两公升（八量杯）蔬菜高汤（或用蔬菜汤块代替，在水开后放入锅中）；

- 两个番茄，切碎；
- 两根胡萝卜，去皮，切成薄片；
- 一个大土豆，去皮，切碎；
- 两根芹菜梗，切碎；
- 125克番茄酱；
- 两个西葫芦，切成薄片；
- 60克通心粉或意大利面；
- 两勺新鲜的欧芹；
- 面包块。

做法：

- 将你的"魔法"石头用热的肥皂水洗干净，然后漂净；
- 用一口大锅热油，然后放入洋葱爆炒，直到洋葱变软、变黄；
- 将蔬菜高汤、番茄、胡萝卜、土豆、芹菜、番茄酱以及你的"魔法"石头放入锅中；
- 往锅中加入沸水，随后用小火炖1分钟；
- 将西葫芦、通心粉和欧芹加入锅中，虚掩着锅盖，炖45分钟以上；
- 将石头捞出，给孩子们盛上热气腾腾的蔬菜汤并搭配大块的面包块。

温馨小提示

对于年幼的孩子来说，字母意大利面十分有趣。

2. 神奇的意大利锅与肉酱

孩子们永远都会爱吃意大利面和肉酱。

适用年龄：三岁至十二岁

参与人数：不限

需要准备的材料或工具：

- 一把木质汤勺；
- 量杯和量勺；
- 两口大的平底锅（最好带盖子）；
- 一把菜刀；
- 一块切菜案板；
- 一个开罐器；
- 一个过滤器；
- 一个大餐盘。

食材：

- 一勺油；
- 一颗洋葱，去皮，切碎；
- 500克切碎的瘦牛肉；
- 四分之一勺食盐；
- 四分之一勺胡椒粉；
- 一个番茄，切成块；
- 125毫升（二分之一杯）番茄酱；

- 一勺牛至叶；

- 四分之一勺糖；

- 250毫升（一杯）水；

- 250克螺旋形的意大利面；

- 切碎的欧芹；

- 奶酪粉。

做法：

- 将油倒入平底锅，加热至中等温度，随后放入洋葱炒，直至洋葱变软；

- 往锅中加入切碎的牛肉块，以中低档的火力煮5分钟至7分钟，直到肉块失去血色，然后用木勺搅拌肉块，以确保肉块呈现出均匀的棕色；

- 加入食盐、胡椒粉、番茄块、番茄酱、牛至叶、糖和水，适当搅拌直至锅中的水烧开；

- 用小火炖40分钟左右，或者盖上锅盖，放入烤箱，调至中档火力；

- 找到一个大锅，加至四分之三的水位，将水烧开并在水中加入少量的食盐；

- 将意大利面加入沸水中，再加少量食盐；

- 用沸水煮意大利面约10分钟直到面条变得柔软，然后将面条捞出沥干；

- 将沥干的意大利面倒入大餐盘中，将煮好的牛肉馅浇在面条上，最后撒上一些欧芹；

吃的时候将做好的意大利面分到几个碗中，并搭配一小碗奶酪粉。

温馨小提示

孩子们很喜欢意大利面。你可以尝试做各种形式的意大利面，如蝴蝶结面、管状通心粉、意式宽面或意式细面。

3. 姜饼人

用饼干切坯器可以做出姜饼人的形状。你可以任意改变饼干的形状，只要孩子们喜欢。

适用年龄：三岁至十二岁

参与人数：不限

需要准备的材料或工具：

- 姜饼人饼干切坯器或硬纸板和剪刀；
- 两个烤盘；
- 量杯和量勺；
- 一个面粉筛子；
- 一个搅拌钵；
- 一个搅拌器；
- 一个大陶罐；
- 一把餐叉；
- 一把木质的勺子；
- 一根擀面杖；

- 烘焙纸。

温馨小提示

如果没有合适的饼干切坯器，你可以在一块干净且厚的硬纸板上画出饼干的形状，然后剪下。在硬纸板的一面涂上黄油和食用油，然后将这一面压在面团上，用小刀按照这个纸板割出饼干的形状。面粉余料重新捏揉后可以继续使用，切割出更多形状的饼干。

食材：

- 125克黄油；

- 一杯红糖；

- 两杯低筋面粉；

- 一勺肉桂；

- 两勺姜粉；

- 一个鸡蛋；

- 葡萄干若干（用来做姜饼人的眼睛、嘴巴和衣服纽扣）。

做法：

- 将烤箱预热至180℃；

- 在两个烤盘上涂上润滑油或垫上烘焙纸；

- 将黄油和糖放入搅拌钵中，搅拌至轻柔蓬松状；

- 用筛子将面粉筛一遍，然后在面粉中加入已充分混合的黄油与糖；

- 将鸡蛋打在陶罐中，用叉子搅拌成蛋液；

- 在面粉和黄油的混合物中挖一个洞，将蛋液倒入洞中；

- 将所有的材料混在一起，直到形成一个实心的面团，然后往案板上撒一些面粉，将面团放在案板上轻轻地揉1分钟左右；

- 在擀面杖上轻轻地裹上一层面粉，然后用擀面杖将面团擀成大约1厘米厚的大面饼；

- 用切坯器在面饼上切割出姜饼人的形状，当然孩子们也可以切割出他们喜欢的任意形状；

- 切割过后，将剩余的面饼收集到一起，重新揉和，用擀面杖擀成面饼，切割出更多的饼干形状；

- 将饼干放到两个烤盘中；

- 用葡萄干给每个姜饼人加上眼睛、纽扣等；

- 高档火力烘烤15分钟至20分钟，或当饼干的颜色变成棕色的时候，将饼干取出；

- 将烘焙好的饼干放在网架上冷却。

温馨小提示

- 本食谱也适用于自动搅拌器或食品加工机；

- 若找不到饼干切坯器，也可用沾了面粉的玻璃来切割面饼；

- 将面团用保鲜膜包裹后放入冰箱，半个小时后取出，面团会变得更好擀；

- 饼干做好后也可以放入冰箱冷藏，并可以用小糖果来代替葡糖干。

艺术和手工活动

简介

与孩子们一起进行一些艺术和手工活动能够给孩子们一个发现、学习和实践有用技能的机会。即使是最简单的活动，如铅笔素描或制作粘贴画，也能够让孩子们开心地度过一个原本很沉闷的阴天——而进行这样一个活动完全不需要你大费周章地准备。

进行艺术和手工活动所需要准备的材料或工具都是一些没有什么价值的小物件，诸如：

- 纸张；
- 记号笔、蜡笔、彩色铅笔、水彩笔、油彩笔、粉笔等；
- 儿童剪刀；
- 糨糊或胶水；
- 胶带；
- 打孔器；
- 订书机；

- 发光的小珠子、美工刀、邮票等。

阴雨天时，或是你和孩子们都想要一些安静的时光时，一个装满各种各样的创意小物品的废料箱就能够派上用场。祖父母们都是天才收藏家——他们知道那些平时看似无用的废料能够被改造成极具创意的艺术品。废料箱中可以有：

- 瓶盖；
- 硬纸筒和硬纸箱；
- 棉线轴；
- 棉絮；
- 毛线；
- 废布料；
- 巧克力包装纸；
- 纸袋和包装纸；
- 玻璃纸；
- 旧的生日贺卡；
- 旧杂志；
- 糖纸；
- 玻璃珠；
- 小亮片；
- 纽扣；
- 坚果和种子；
- 羽毛和贝壳；

- 风干的花朵和草叶。

注意：年幼的孩子必须在祖父母的监护下才能使用胶水、剪刀和其他尖锐物品。

温馨小提示

超市、手工艺品商店、办公用品商店出售各种价位的你要的材料，对于孩子们来说，这些地方可能是激发他们艺术和手工活动灵感的宝库。

提前计划好活动并准备好活动所需的材料和设备，以下几点你需要考虑到：

- 在孩子们画画时，给他们穿上绘画罩衫以免他们的衣服被弄脏，或者你干脆给他们穿一件不怕弄脏的旧汗衫。当玩一些特别容易弄脏衣服但又十分有趣的游戏时，你可以找一个大塑料袋，在头和手臂的位置剪几个口子，套到孩子身上。若孩子年纪很小，你需要时刻陪护，尤其是孩子身上正套着大塑料袋的时候；
- 一张桌子或一块活动区域；
- 在活动区域和周边的地板上铺上一层保护性遮盖物，使用塑料薄膜，如浴帘，盖住活动区域，以免滴下或溅出的污渍弄脏地板。遮盖层准备好后，给孩子们腾出一个安全的空间供他们任意创作。

温馨小提示

事后的收拾和清洁工作是创作活动不能避免的一个收尾环节。可以让孩子们一起帮忙收拾，但如果孩子们越帮越忙得让你抓狂，那么你最好将孩子们放在一个方便你看护的安全位置，然后自己尽快地完成清洁工作。

素描

对于任何年纪的孩子来说，素描都是一项他们喜爱的富有创造力的活动，且不受时间和空间的限制。祖父母应当鼓励孩子们发挥他们内在的艺术天赋，以他们自己的方式表达自己。

适用年龄：三岁至十二岁

参与人数：不限

需要准备的材料或工具：

- 削好的彩色铅笔或水彩笔；
- 记号笔、蜡笔或粉笔；
- 2B或HB铅笔；
- 各种粗细程度的圆珠笔；
- 各种各样的纸张以及一个画板或能够放置画纸的平面。

记住，艺术创作没有对错，所以别对你的小艺术家的作品刨根问底，不要问他们诸如"你画的是什么？""你画的小人的胳膊在哪里？"这样的问题，你最好这样问他们"能和我说说你的绘画作品吗？"。

大多数的孩子在一定的年纪内都不会画人物、动物或某个物件。四岁之前他们就会开始尝试对色彩和画图工具（诸如铅笔、墨水笔、笔刷等）的使用；大约四岁的时候，他们会开始画一些象征性符号，如太阳，他们也可能会画他们自己以及家庭里的其他成员。很快，他们所熟悉的其他象征符号也会出现在他们的画作中。

对于年龄较大一些的孩子，你可以建议他们画出大致的形状，然后让他们补充出其中的细节。鼓励他们尝试各种线条——粗线条用来描绘较近的事物；细线条用来描绘较远的事物。

温馨小提示

门前地面的画作和车道上的粉笔意味着你的邻居家正有小孩造访。五彩的地面画作（可能需要画几个小时）会随着时间消逝，可能下次孩子们造访的时候已经被冲刷干净了。

1. 黑暗中作画

拉上百叶窗，关灯，与孩子们在黑暗中尽情地作画。让笔尖在纸张上翩翩起舞对于孩子们（尤其是年幼的孩子）来说，像奔跑和跳跃一样自然。

适用年龄：三岁至十二岁

参与人数：不限

需要准备的材料或工具：

- 铅笔；
- 纸张。

做法：

- 关灯；
- 你可以提议绘画的内容，例如，一只猫。可以给年龄较大的孩子增加一些挑战性，例如，要求他们"在这只猫的嘴里画上一

只老鼠"。

- 开灯，欣赏你们的大作。

温馨小提示

- 此项活动要求你能够提供一些质量好、颜色佳的铅笔，这样的铅笔画出的效果最好。
- 质量好的水彩笔是最让孩子满意的一种艺术工具。它们的使用方法比水彩颜料简单得多。无论是什么年纪的孩子，都能用水彩笔画出巧妙的作品。

2. 静物写生

让年龄较大的孩子用画笔描绘生活是一项具有挑战性的艺术活动。然而，只要稍加指导，教孩子们一些绘画的技巧，他们就能够完成他们人生中的第一张绘画杰作。

适用年龄：八岁至十二岁

参与人数：不限

需要准备的材料或工具：

- 纸张；
- 铅笔、记号笔、水彩笔或蜡笔；
- 一个静物，例如，一盘水果、一组物品的集合（茶壶、陶罐、杯子和杯托）、一只泰迪熊或其他毛绒玩具。

做法：

- 从房子的各处找一些物品，将这些物品组合起来作为绘画的素材；

- 与孩子们讨论并演示静物写生的一些技巧。例如，解释如何描绘最前面的物品，技巧在于要最先画这个物品，之后再画这个物品背后的其他物品，背后的物品的线条和第一个物品的位置相冲突时，跳过第一个物品的位置继续画剩下的部分；

- 画作完成后，孩子们可以签上他们的名字。画作可以挂在墙上供大家欣赏或由祖父母珍藏。

3. 自画像

对于孩子们来说，画一张自画像是一项巨大的工程。他们可以画出迷人且深刻的自画像供祖父母收藏。

适用年龄：五岁至十二岁

参与人数：不限

需要准备的材料或工具：

- 一面镜子；
- 铅笔和水彩笔；
- 一大张素描纸。

做法：

- 协助孩子们从镜中观察他们自己，与他们一起讨论他们的脸的形状、容貌的分布比例。例如，告诉孩子们他们的耳朵和眼睛是在一条直线上；

- 讨论孩子们的眼睛的颜色、发色和肤色；

- 当孩子们完成他们的自画像后，记得要好好地表扬他们。

自画像技巧：

- 脸的宽度是长度的三分之二；
- 眼睛在脸位置的中间；
- 眉毛至鼻子的距离通常等同于鼻子至下巴的距离；
- 两眼的间距通常等同于一只眼的长度。

涂画

孩子们经常会创作出一些令人眼花缭乱的画作。有时候他们的画作背后有一个故事，或者他们只是在尝试各种颜色和粗犷的描边。他们也可能会拼凑出一个主题——仅仅是为了让你开心。

适用年龄：三岁至十二岁

参与人数：不限

需要准备的材料或工具：

- 一套基础水粉颜料——红色、蓝色、黄色、黑色和白色，鼓励孩子们将这些颜料混合，调配出其他颜色。商店中可买到已调配好的小盒的颜料，适合储藏在橱柜中；
- 若你的孙儿年纪很小，用酸奶罐来盛放颜料，并将酸奶罐塞进一个小纸盒里，这样一来，即使孩子们不小心打碎了酸奶罐，颜料也不会洒得到处都是；
- 纸质蛋盒、旧的肉饼罐子、旧餐盘都可以用作小艺术家的调色盘；

- 一组不同尺寸的画刷，年龄较大的孩子可能会更喜欢用小号的画刷；
- 厚的吸水纸最适合年幼的孩子使用；彩纸可以用来进行特别的项目，例如制作卡片；回收的计算机打印纸、设计用纸或墙纸都是可供孩子们涂画的好材料；
- 孩子们会很喜欢在桌子上、地板上或画架上进行涂画，平坦的平面让上色变得更简单，你可以在孩子们的小黑板上盖上塑料膜并用大夹子将画纸固定在上面，这样小黑板就变成了一个画架；
- 对于孩子们来说，颜料是一种美妙的富有创造力的工具——但颜料也会把一切弄得乱七八糟！一个小小的保护性措施能够将涂画变成一项有趣且不会弄脏周围环境的艺术活动。

做法：

- 一件用来保护衣服的绘画罩衫是涂画活动的必需品；
- 在孩子们开始涂画之前，准备好一个空间供孩子们风干他们的艺术大作，最好是室外的场所，或是固定在衣架上，挂在室内风干；
- 可能的话，将涂画活动转移到室外，在室外，当画作完成后，画架和周边环境（以及孩子！）更容易被冲洗干净；
- 每次提供给孩子们少量的各色颜料，但提供大量的画纸；
- 对于年龄较大一些的孩子，你可以留一些物件供他们绘画，比如一盘水果，或提供一些野外写生的建议，比如可以画画你花园中正在开花的木兰树；
- 涂画结束后，洗干净画刷和调色盘以备下次使用；

- 为了保持画刷的柔软，应当彻底地清洁画刷的刷毛，晾干后用塑料膜包裹起来保存。

- 学习不同的绘画技巧对于孩子们来说是一个挑战。尝试教孩子们以下绘画技巧：

- 将颜料稀释，用吸管把颜料泡泡吹到画纸上（小心别把颜料吸到嘴里）；

- 用各种各样可能的物品代替画刷，例如，羽毛、木棍、树叶、揉皱的纸张或海绵；

- 飞溅画——用一支旧牙刷蘸上颜料，在一块尼龙纤维上刮一刮，颜料就飞溅到画纸上。或者你也可以轻轻地晃动牙刷，颜料也会被甩到纸张上，形成一张飞溅画；

- 点点画——用细画刷、记号笔或棉签能够创作出各种颜色的小点点；

- 手指画——用手指将大块的颜色涂抹在纸张上；

- 把颜料涂在旧的玩具车的车轮上，然后让车轮滚过纸张留下图案；

- 买一个新的塑料盘（例如用来装猫砂的那种塑料盘），在盘内放一张画纸，然后放入蘸满颜料的弹珠或小球在纸上滚动；

- 将海绵剪成不同形状的海绵块，用这些海绵块作画会是一个十分有趣的活动。

温馨小提示

- 如果你的孙儿只花了很短的时间就完成了一幅画，不要惊讶，这很正常。然而，如果孩子们在纸上仅仅画了一笔就想要换一张新的画纸，你应当鼓励他们继续在原来的画纸上创作。
- 你可以这样展示孩子们的画作：将画作固定在衣架上，然后挂在墙上或天花板上。
- 若你家中的画画工具较少，不用着急，孩子们在幼儿园里或他们自己的家中也能充分发挥他们的绘画创造力。

手工印刷

印刷的过程十分有趣，但该活动和涂画活动一样，可能会把周围搞得一团糟。采取一些防护性措施来保护孩子们和周围区域，确保印刷活动全程开心无压力。

1. 手脚印画

把孩子们的手掌印和脚掌印到画纸上是一项充满乐趣的活动。这幅画将会成为充满回忆色彩的珍藏纪念品。记住，这项艺术活动必须在室外进行。

适用年龄：三岁至五岁

参与人数：不限

需要准备的材料或工具：

- 一个托盘或平底盘——大小足够容纳孩子们的脚掌和手掌；
- 颜料；
- 画纸；

- 盛水的容器（供孩子们在活动结束后洗干净手脚）和毛巾（用来擦干孩子们的手脚）。

做法：

- 在托盘或平底盘内装上颜料——不要加太多颜料，能够覆盖盘子的底部即可（颜料不够再加也好过装太多）；
- 让孩子们小心地将自己的手和脚放入颜料中，然后在画纸上印出手掌印和脚掌印；
- 给孩子们的手脚印画标上日期保存，画纸上的手掌印和脚掌印将成为孩子们珍贵的回忆。

温馨小提示

- 可以让孩子站在画纸上，沿着脚掌的轮廓画出脚掌的大致形状，然后再用记号笔或颜料将中间的颜色涂上，通过这种方式创作脚掌印画不会把四周弄得乱七八糟；用同样的方法创作出孩子的手掌印画——如果你有足够大的画纸，你可以将孩子整个身体的轮廓描画在纸张上；用粉笔也能完成这样的作品（更多细节详见"人形海报"）。
- 宠物的爪子印也能变成令人印象深刻的画作。在宠物不反抗的情况下，孩子们用同样的方法能够创作出富有装饰性的图画——再次提醒，此类活动必须在室外进行。

2. 指纹画

指纹画十分有趣，也容易制作——并且不会把周围搞得很脏乱。指纹画开始前，采取一些防护性措施保护孩子的衣服和画画的平面，并且准备好一块湿海绵以应对突发情况。

适用年龄：五岁至十二岁

参与人数：不限

需要准备的材料或工具：

- 颜料；
- 画纸；
- 记号笔；
- 湿海绵。

做法：

- 在孩子的指尖均匀地涂上少量颜料；
- 让孩子们用指尖按压画纸，在画纸上形成一个指纹印，若指纹印太深，擦掉一些指尖上的颜料，再印一次；
- 然后，给孩子一支记号笔，让孩子们充分发挥自己的想象力，用记号笔给指纹印添枝加叶，在他们的加工下，指纹印可能变成兔子、蝴蝶、花朵、树木、鱼等。

关于指纹印的其他创意：

- 指纹印可以用来装饰问候贺卡、聚会邀请函或信纸；
- 聪明的孩子可以搜集家人的指纹，然后将这些指纹用在他们的侦探游戏里；
- 可以用印泥来取代颜料，这样作画的过程会更清洁、更省心。

3. 叶子画

在找寻各种形状和大小的树叶的过程中，你能收获众多的乐趣。因为你在给叶子上颜料的过程中，叶子可能会快速地变湿，所以你需要收集足够多的树叶备用。年龄较大的孩子可以在涂颜料的过程中制作卡片或礼物包装纸。

适用年龄：三岁至十二岁

参与人数：不限

需要准备的材料或工具：

- 各种各样的叶子；
- 旧报纸；
- 颜料；
- 颜料刷；
- 画纸。

做法：

- 将一片干叶子放在报纸上，把叶子向上的一面完全地刷上颜料；
- 把叶子刷上颜料的一面压在画纸上，理平叶子的表面，压一压，确保能在画纸上留下一个清晰的印记；
- 拿一片新的叶子，重复上述的过程。鼓励孩子们创新，如将两片叶子部分重叠地使用。他们也可以利用叶子来构建图案或边界花纹。

4. 土豆印章

用土豆印章制作的包装纸能够让孩子们给亲朋好友留下深刻的印

象。包装纸上的设计图形可以是点状、三角形、正方形、圆形或心形。

适用年龄：五岁至十二岁

参与人数：不限

需要准备的材料或工具：

- 几个土豆；
- 一把小刀；
- 记号笔；
- 报纸或塑料膜；
- 托盘；
- 颜料；
- 大尺寸的画纸。

做法：

- 把一张报纸或塑料膜铺在工作台上；
- 帮孩子们把土豆切成两半；
- 年龄较大的孩子可以尝试在土豆的切面上用记号笔画出他们想要的图案，然后用小刀小心地将此图案抠出，如此便制成了一个简易的印章；
- 而年幼的孩子可能需要你的帮助才能将图案从土豆中抠出，你们可以先尝试一些简单的图案；
- 在托盘上添上不同颜色的颜料；
- 以颜料为印泥，把土豆印章按在托盘中的颜料里，然后再印到画纸上；

- 可以尝试用土豆印章来制作一些礼物、贺卡。

温馨小提示

- 可以用切成两半的且有独特形状的水果来代替土豆，如苹果或柠檬。

- 你也可以探索其他形式的印刷活动——还有很多其他形式的既适合年长的孩子也适合年幼的孩子的活动。最简单的，你可以在某个区域涂上一些颜料，然后在旁边放一张画纸，鼓励孩子们利用这点颜料用手指在纸上画画。制作版画和丝网印刷所需的材料都可以在艺术品商店买到，手工艺品商店有时也出售不同类型的成套的手工印刷设备以及各种所需物料。

拼贴艺术

制作一张拼贴画——收集各种材料，然后粘贴到同一个背景上——能够让孩子们专注工作几个小时，并且乐在其中。相对来说，这项活动还算清洁，并且也很容易开展。你只需要收集一些拼贴艺术材料，将它们保存在一个容器内，需要用的时候拿出即可。

适用年龄：三岁至十二岁

参与人数：不限

平时可收集的材料：

- 种子和小扁豆；

- 小珠子、小亮片和纽扣；

第一部分 与孩子们一起做手工、玩游戏

- 羊毛、电线、缎带、细绳和蕾丝花边；
- 彩纸和旧贺卡；
- 亮粉和贴纸；
- 纸巾和玻璃纸。

做法：

- 报纸和旧电话号码簿是最佳的拼贴画材料，可以把它们剪成或撕成各种形状，粘贴到黑色的背景中；
- 将彩纸剪成各种几何图案，孩子们可以用这些几何图案制作出有挑战性的数学拼贴画；
- 年龄较大的孩子可以剪下杂志或报纸上的图片和照片来制作拼贴画，例如，他们可以剪下书中的一只动物的眼睛、耳朵、嘴唇、手、眼镜、鞋子或身体的其他部分，或用图案来代表头发、衣物或背景；
- 粘贴在同一个黑色的背景下时，部分重叠纸巾或玻璃纸能够创造出新的颜色和绝妙的效果；
- 在一个白色的背景下，画出一个图片的轮廓，能够达到一种马赛克的效果，孩子们可以选择杂志中的彩页，将它们剪成或撕成小块来创作马赛克拼贴画。

温馨小提示

- 将小珠子、小亮片、纽扣等妥善地收藏在带盖的小盒子里。
- 制作拼贴画的时候，也需要采取一些措施来保护孩子的衣服和四周环境。

1. 拼贴画

孩子们可以利用一批不同尺寸和形状的材料来创作一幅拼贴画。

适用年龄：五岁至十二岁

参与人数：不限

需要准备的材料或工具：

- 拼贴原材料；
- 剪刀；
- 记号笔；
- 白胶；
- 几张纸或硬纸板（用作背景）。

做法：

- 将拼贴原材料按照颜色和尺寸分类。小张的纸和布料比较容易处理；
- 在孩子们用胶水之前，告诉孩子们如何布置这些材料组成图片，最后让孩子们把材料用胶水粘在背景上；
- 你的孙儿们可能会倾向于在开始拼贴之前先在背景上画出图案的轮廓，比如一棵树、一只鸟的轮廓。

2. 拼贴礼物卡

孩子们可以利用一些原材料制作出特殊场合使用的拼贴卡片。

适用年龄：五岁至十二岁

参与人数：一人或一人以上

需要准备的材料或工具：

- 长24厘米、宽15厘米的厚卡纸；
- 拼贴原材料；
- 废纸；
- 胶水；
- 记号笔。

做法：

- 将厚卡纸对折；
- 设计卡片，想想卡片封面上会有什么图案，卡片里面又有什么图案；
- 他们可以在封面上设计出一个图案，然后贴上相关材料；拼贴卡片完成后，他们可以在卡片内部写下卡片信息。

3. 种子画

对于孩子们来说，各种各样的种子和扁豆易于操作，是制作特别的拼贴画的好材料。

适用年龄：五岁至十二岁

参与人数：不限

需要准备的材料或工具：

- 一张背景纸或背景卡片；
- 墨水笔和铅笔；

- 强力胶；
- 颜料和手工刷子；
- 各种各样的种子，大米、小麦、豆子、小块的意大利面团和不同颜色的扁豆。

做法：

- 让孩子们充分地感受和探索不同形状、大小、材质和颜色的种子、面团和扁豆；
- 他们是否会利用这些材料创作出一幅场景，一只动物，一个人——或者甚至是一只恐龙？孩子们确定了他们的拼贴画的主题后，可以让他们用笔先在背景板上画出主要的图形轮廓；
- 下一步是在所画的图形上均匀地刷上胶水，把种子或扁豆撒在上面，然后用刷子柄将种子或扁豆在纸上按实；
- 继续在背景纸上粘贴种子或扁豆直到画作完成，用差异较大的材料来体现细节，如眼睛。

干花卡片

很多孩子都记得他们在小时候曾制作过干花。这项活动只需要两步：首先将花朵按压风干，然后制作卡片。尝试使用不同的花朵——像雏菊和紫罗兰这样的小朵的花儿制作出的效果比较好。

适用年龄： 三岁至十二岁

参与人数： 不限

需要准备的材料或工具：

- 来自花园的小花朵或叶子；
- 厨房吸水纸；
- 一个压花器或一本电话簿；
- 重物，如书本或砖块；
- 卡片；
- 缎带；
- 胶水；
- 彩色铅笔或记号笔。

做法：

- 将花朵或叶子夹在两张厨房吸水纸的中间，然后按压；按压前整理好花朵，确保没有花瓣重叠在一起；
- 将花朵放入压花器或放在至少有20页间隔的电话簿中；
- 用螺丝上紧压花器，或是在电话簿的上面压上一些重物，如书本或砖块；
- 花朵一般需要几个星期才能风干，不同的植物所需的时间不同；花朵被压扁风干后，等你的孙儿们下次来访的时候，你们就可以一起制作干花卡片了；
- 制作卡片之前，孩子们需要先决定卡片的样式，干花是竖着还是横着摆放？现在将卡片适当地对折；
- 在卡片的封面上按照原先的设计摆放上干花，再附上一些缎带；
- 若孩子们对这样的摆放设计满意，则用胶水将干花和缎带粘牢；

- 协助孩子们完成卡片寄语。

温馨小提示

- 鼓励孩子们收藏好他们在大自然中发现的野花和叶子。

纸链

纸链是特殊日子里绝佳的室内装饰品。所有年纪的孩子都可以参与到制作纸链的活动中来。

适用年龄：三岁至十二岁

参与人数：不限

需要准备的材料或工具：

- 纸带；
- 胶水或订书机和订书钉；
- 挂起纸链所需的别针。

做法：

- 将纸带裁剪成20厘米长；
- 拿起一根20厘米长的纸带，用胶水或订书钉固定成为一个纸圈；
- 用另一根纸带穿过上一个纸圈，然后再用胶水或订书钉形成一个纸圈，两纸圈相扣；
- 重复上述步骤，直到纸链足够长；
- 将纸链挂起，欣赏你的劳动成果。

使用订书机的小窍门：

若你们需要使用订书机，则一定要教会孩子：

- 订书机需放置在桌面上使用；
- 需用两只手按压订书机，听到咔嚓声才代表完成；
- 需要多次练习并且保持耐心。

1. 小人纸链

许多祖父母都有下雨天剪手牵手的小人纸链的回忆。今天，孩子们也将从剪纸人的游戏中获得同样多的乐趣。

适用年龄：五岁至十二岁

参与人数：一人或一人以上

需要准备的材料或工具：

- 长22厘米、宽10厘米的纸条；
- 铅笔、彩色铅笔、记号笔；
- 剪刀。

做法：

- 将纸条按5厘米的宽度一层一层地"Z"字形折叠，像手风琴一样，确保折叠的厚度适中，若叠得太厚就很难剪裁；
- 在最上一层画一个简单的小人形象，图案必须延伸到纸的两侧边缘，这样小人才能连在一起；
- 沿着你画的图案开始剪，但不要剪断侧边连接处；
- 展开纸链，一排手牵手、脚并脚的小人就形成了；

- 给你的小人纸链涂上颜色，画上装饰；
- 把你的纸链悬挂起来，你也可以用它们来制作参加派对的帽子或者蛋糕边的褶皱装饰。

温馨小提示

- 年龄大一些的孩子可以用尺子在纸上标出5厘米宽的距离。
- 制作大型的人物、星星、动物以及其他形状的纸链非常有意思。在年龄大一些的孩子的派对上，这些都能作为漂亮的派对装饰物。

2. 小小建筑师

对年幼的孩子们来说，一些纸板箱、回收利用的材料就能给他们带来无限乐趣。密封的空箱子可以充当极佳的建筑材料。你们也可以把一个大纸箱装饰成家里的玩具收纳箱。

适用年龄：三岁至八岁

参与人数：不限

需要准备的材料或工具：

- 任何形状和尺寸的纸板箱；
- 硬纸板；
- 瓦楞纸；
- 铝箔纸；
- 塑料瓶盖；
- 塑料食品包装纸。

第一部分 与孩子们一起做手工、玩游戏

3. 拉货小车

年幼的孩子们会很乐意制作一辆室内使用的拉货小车，小车可以用来装载神秘的物品或者他们的泰迪熊。

适用年龄：三岁至五岁

参与人数：不限

需要准备的材料或工具：

- 一个大的纸箱；
- 粗线或者绳索；
- 铅笔、记号笔、装饰用的彩纸；
- 剪刀；
- 糨糊或者胶水。

做法：

- 祖父母需要在大纸箱的一侧钻出两个洞，穿入用于牵拉的绳索；
- 小拖车可以直接使用，也可以让孩子们添加一些装饰，比如用记号笔在纸箱上绘画，或剪下一些好看的图案粘贴在纸箱上；
- 把小拖车存放在橱柜或仓库里，当孩子们来看望你时可以拿出来玩。

4. 3D模型（立体模型）

当孩子们制作令人激动的3D模型时，祖父母并不需要准备非常昂贵的材料或设备。一些回收利用的材料，加上来自祖父母的协助，比如帮忙托住、粘贴、固定模型，就能很完美。

适用年龄：三岁至五岁

参与人数：不限

需要准备的材料或工具：

- 各种尺寸的纸箱和盒子；
- 盒盖和瓶盖；
- 聚乙烯醇胶水（PVA胶水）；
- 剪刀；
- 颜料和画刷；
- 记号笔。

做法：

- 讨论孩子们可以组建的模型类型，是组装一座城堡、一辆小车、一个机器人，还是某种动物？回收利用的材料可以启发灵感，孩子们可以用现有材料完成他们自己的建造；
- 用胶水粘贴基础部件，给机器人的身体和头部加上手臂、腿和五官；给动物加上四肢和耳朵；给小车安装上毂盖和车轮；
- 在模型上绘画装饰；
- 当模型干燥之后，可以通过描画或粘贴的方式加上一些细节，比如门上的把手和脸上的胡须。

温馨小提示

- 让孩子们穿上工作服或者系上围裙以免弄脏，并在桌子上和地板上铺一层报纸或塑料膜。
- 清理出一片空间来放建造的模型，等它自然风干。

5. 全景画

在3D全景画所提供的一个情境中，孩子们可以向大家展示他们自己设定的人物和场景。

适用年龄：五岁至十二岁

参与人数：不限

需要准备的材料或工具：

- 一个旧鞋盒或者其他硬纸盒子；
- 颜料、彩色铅笔或记号笔；
- 彩纸；
- 剪刀；
- 胶水；
- 橡皮泥或蓝丁胶；
- 小装饰和小零件。

做法：

- 孩子们可以先思考一下他们想制作什么样的3D场景，在制作人物、动物和风景时要用到什么材料以及他们怎么将一个故事生动地表现出来；
- 将盒子侧放，或者立起来，这样便于孩子们操作，也便于观众观赏（有观众的情况下）；
- 在盒子内部涂上颜料。例如，涂上蓝色表现海洋、天空或者水下背景，涂上绿色表现热带雨林的景观；
- 在纸上画出人物、树木和动物，在底部留一小块标签；

- 将人物、树木和动物等形象剪下来，注意别把底部的标签剪断；
- 把标签往后折，倒上胶水，并把它们粘贴在盒子内的全景画里。

温馨小提示

- 玻璃纸和小镜片可以用来充当亮闪闪的河流或湖泊。
- 手工冰棒的木棍可以用来代表人群。
- 利用橡皮泥或者蓝丁胶将小装饰物固定好，例如恐龙或者热带雨林里的动物。

石头动物

开展此项活动，你需要收集一些光滑的、颜色浅的小石子、岩石或者鹅卵石。孩子们可以挑选一个像某种动物形状的石头。

适用年龄： 三岁至十二岁

参与人数： 不限

需要准备的材料或工具：

- 小石子，溪流或河床里的礁石、岩石、鹅卵石等；
- 丙烯酸涂料；
- 颜料刷；
- 透明清漆。

你还需要准备一些遮盖物，用来保护孩子们和桌面、地板，以免弄脏。

做法：

- 每个孩子都需要认真观察他们所选的石头，思考这些石头的形状像哪种动物，它像一只老鼠、一头睡着的熊、一只海洋怪兽、一只恐龙、一只栖息的鸟儿、一头奶牛，还是一只睡着的小猫或小狗？此时祖父母们可以介入帮忙，点燃孩子们的想象力；

- 在动物石头上刷上一层颜料当底色，为了保证着色均匀，也可以多刷一遍；
- 等颜料干透之后，就可以画上一些细节，例如，在石头表面画上皮毛、四肢、脚、鱼鳞、一条卷曲的尾巴或者脊椎；
- 静置一会儿等颜料变干，最后涂一层透明清漆。

温馨小提示

- 孩子们可以将他们完成的石头动物送给别人当礼物，或者用来当镇纸。石头动物还是非常棒的宠物哦。

独角兽

许多祖父母们在他们还是孩子时骑过木马，而独角兽正是一种新型的"木马"。年幼的孩子可以在一旁协助祖父母完成独角兽，年龄大一些的孩子则可以独立制作独角兽。

适用年龄：三岁至八岁

参与人数：不限

需要准备的材料或工具：

- 一个白色的大塑料袋；
- 记号笔；

- 一大团碎彩纸或彩色布块；
- 剪刀；
- 织物胶水；
- 玻璃纸或碎布条；
- 一根扫帚或拖布的柄（应截成适合的长度，让孩子们能够舒服地跨坐在上面）；
- 报纸或其他填充物；
- 一卷硬纸板；
- 荧光粉；
- 颜料；
- 一卷绳子或封口胶带；
- 缎带。

做法：

- 在塑料袋上画一张脸；
- 在彩纸或彩布上剪出耳朵的形状，然后用胶水把耳朵粘贴在塑料袋上；
- 利用废弃材料贴出眼睛、鼻孔和嘴巴；
- 把玻璃纸剪成条状，或者直接用胶水把碎布条粘在独角兽的头部，充当鬃毛；
- 把独角兽的头部套在扫帚杆或拖布把上；
- 利用报纸等填充塑料袋，使它形成马头的样子；
- 用硬纸板卷成一只尖角的样子，并粘在独角兽的头上；

- 用荧光粉和颜料装饰一下独角和兽脸；
- 用绳子或胶带将独角兽的头牢牢地固定在扫帚杆或拖布把上；
- 用缎带做成缰绳。

温馨小提示

- 确保孩子们在一个安全的区域内骑他们的独角兽。当他们骑着独角兽在房间里奔驰的时候，注意别让他们碰倒了你家里的小摆件、电视和家具。
- 年幼的孩子的独角兽可以储存在你的家里。

书签

在与你一起阅读，分享书籍的时候，孩子们可以用他们自己制作的书签来标记页码。

适用年龄：三岁至十二岁

参与人数：不限

需要准备的材料或工具：

- 一小片硬卡纸；
- 剪刀；
- 尺子；
- 记号笔、彩色铅笔或者颜料；
- 一些碎彩纸、贴纸和荧光粉。

做法：

- 用尺子和剪刀将硬卡纸裁剪成长20厘米、宽8厘米大小的一块；
- 在书签上画一个设计图案；
- 用碎彩纸、贴纸和荧光粉给书签做一些装饰。

温馨小提示

- 书签可以是任何形状、任何大小的。试着用布条制作一个，用缝纫针线装饰一下，或者用胶水将颜色各异的彩布碎片粘在上面，让它更漂亮。
- 你可以剪出一只扁平的小老鼠身体的形状，用胶水粘上耳朵和胡须，再加上一条毛茸茸的摇晃的尾巴，尾巴可以夹在书里。

人形海报

孩子们在制作自己的人形海报的过程中，可以发现自己的实际身体大小与形状。

适用年龄： 三岁至十二岁

参与人数： 不限

需要准备的材料或工具：

- 一张跟孩子们一样大小的纸张；
- 粗铅笔或蜡笔；
- 颜料和颜料刷；
- 胶带，用来连接纸张。

做法：

- 将纸展开，平铺在光滑的地板上，如果太薄的话，还可以多加几页纸粘在一起；
- 让孩子们躺倒在纸上，确保他们的手掌张开，这样的话能用铅笔描画出每一根手指；
- 用粗铅笔或蜡笔沿着孩子们的身体边缘描画；
- 接着，孩子们可以用画笔或颜料在他们身体的形状上绘出头发、脸和衣服；
- 把完成后的图形剪下来，用大头针固定在墙上。

温馨小提示

- 孩子们可以把他们的人形海报带回家，或者也可以由你保管。你可以时不时地拿出来，对比看看孩子们又长高了多少。
- 交换角色更好玩一些，你躺倒在地板上，让孩子们来沿着你的身体作画。

纸浆工艺品

纸浆工艺是一门关于创造的艺术，利用一层层的纸张和胶水制作出工艺品。这是一种适合孩子们在室内玩的、能够激发他们创造力的艺术活动，尽管玩起来会黏黏的。

纸浆工艺这种活动需要做好四道工序。孩子们可以分四步完成，每隔一段时间来检查看看是否完成了其中的一道工序；如果他们要在你家

过个长假,你们就可以一起做好一件完整的作品了。

1. 纸浆工艺碗

一个纸浆工艺碗的制作,是用一个真碗作为铸件,然后将纸张和胶水一层一层包裹上去完成。孩子们在制作他们的纸碗时,需要等到一层干透,才能继续涂下一层。如果孩子们会在你家多待一些时日的话,这个活动是个不错的选择。当然,这个活动也可以分几次完成。

适用年龄:八岁至十二岁

参与人数:不限

需要准备的材料或工具:

- 旧报纸;
- 胶水(白胶浆、PVA胶水、粉状或液态胶水、墙纸胶等均可以);
- 一个用来盛放胶水或混合胶浆的小碗;
- 凡士林;
- 一个中等大小的塑料碗;
- 一支小画笔(2—5厘米长);
- 剪刀;
- 颜料;
- 透明清漆。

做法:

第一步

- 将旧报纸撕成纸条;

- 在小碗里混合一些墙纸胶或者倒点胶水；
- 在用来做铸件的中等大小的塑料碗的外面涂上一层凡士林，这样等工序完成时，可以很轻松地将纸碗剥下来；
- 将纸条浸入胶浆中；
- 把纸条贴在中等大小的碗的外面，不断叠加，确保纸条覆盖了碗的全部位置；
- 给纸条刷一层胶浆，然后开始贴另一层纸条。

第二步

- 静置一会儿，要等前两层纸干透之后，再继续粘贴更多的旧报纸纸条；
- 在碗外面再增加四到五层纸条，静置风干。

第三步

- 等到碗变干（外面的纸浆摸起来很坚硬时），小心地把它从塑料碗上剥下来；
- 用剪刀把纸碗的边缘修剪得整齐干净。

第四步

- 等到纸浆工艺碗完全干透，孩子们可以在上面涂颜料装饰；
- 在碗的内侧涂一种颜色，然后在外侧涂上另一种对比鲜明的颜色；
- 用画笔继续美化纸碗，画上圆圈、旋涡或者他们选择的任何图案；
- 等到颜料完全干透，再刷一层到两层透明清漆保护纸碗。

温馨小提示

- 建议制作时采取一些保护性措施，以免孩子们弄脏自己、桌面和

地板等。

2. 纸浆工艺面具

做纸浆工艺面具的过程非常有趣。对孩子们来说，做面具将带领他们进入一个神奇的充满想象力的世界。

适用年龄：八岁至十二岁

参与人数：不限

需要准备的材料或工具：

- 旧报纸；

- 墙纸胶；

- 一个用来混合墙纸胶的小碗；

- 凡士林；

- 一个中等大小的碗，碗的深度要刚好能遮住孩子的脸；

- 一支小画笔（2—5厘米长）；

- 颜料、荧光粉或其他装饰物；

- 一些缎带或者细的松紧带。

做法：

- 按照上文做纸浆工艺碗的工序，完成第一、二、三道步骤；

- 等纸碗变干，在眼睛的位置剪出两道缝隙，在边缘剪两个小洞，方便穿入缎带或松紧带；

- 在面具上涂颜料、做装饰；

- 将缎带或松紧带系在面具上，这样孩子们就可以把面具戴在头上了。

温馨小提示

- 可以将面具制作得完全能够遮盖住孩子们的脸，当作一种彻底伪装。你也可以在装饰面具上剪两个小洞，使它刚好能露出孩子们的双眼。

木偶

木偶意味着魔法。木偶有各种形状、各种尺寸，而且能吸引各个年龄段的孩子。

年龄很小的孩子们需要在祖父母的帮助下才能制作完成他们的木偶，或者你可以直接为他们做木偶。年龄大一些的孩子们则能创造出更复杂的木偶。

1. 指偶

指偶做起来又快又简单。孩子们可以创造出一系列的指偶角色，并写一个由指偶担任主演的戏剧故事。

适用年龄：三岁至五岁

参与人数：不限

需要准备的材料或工具：

- 纸张；

- 铅笔或记号笔；

- 剪刀；
- 胶带。

做法：

- 在一张纸上画出一个人物形象，大小要和孩子们的中指一样；
- 在人物形象周边画出标签大小的空白，以便将指偶缠绕在中指上；
- 画出指偶的脸、衣服、手臂和双腿；
- 将画好的指偶剪下来；
- 将空白标签粘贴起来，套成环形。确保每一个指偶都足够小，刚好能套在孩子们的手指上。

温馨小提示

- 将旧手套的指头部分剪下来，这样做成的指偶不易坏。用记号笔在指头部分画上人脸。

2. 袜子布偶

你可以把袜子布偶收在家里，等下雨天在室内表演时拿出来玩。

适用年龄： 五岁至八岁

参与人数： 不限

需要准备的材料或工具：

- 袜子；
- 杂七杂八的材料，例如毛毡、缎带、毛线和碎布料、纽扣、羽毛以及珠片等；

- 织物胶水；
- 针线；
- 羊毛线。

做法：

- 给每个孩子一只袜子，并套在手上；
- 与你的孙儿们讨论做怎样的布偶。是想做成一种动物，一个人，还是一个想象中的角色呢？布偶的眼睛在哪里？怎么做出嘴巴来？能否让孩子们在袜子里移动手来表演嘴巴？
- 接下来，让你的孙儿们自己挑选材料，用胶水或者针线固定在布偶上；记得伸一只手撑在袜子里，可以避免不小心将袜子的两面缝合或粘贴在一起；年幼的孩子在做布偶时需要你的帮助。

温馨小提示

- 使用大孔的织补针穿线会更容易。
- 制作出多种布偶角色后，便可以来一次布偶表演。

3. 手掌布偶

在制作木偶时，孩子们可以做一系列的手掌布偶角色出来。例如，三只小熊和金发女孩。

适用年龄： 五岁至八岁

参与人数： 不限

需要准备的材料或工具：

- 白色棉布材料，需剪裁成20厘米长、15厘米宽；

- 织物胶水；
- 记号笔；
- 装饰用的珠片、纽扣、毛线和碎布料。

做法：

- 将布料沿着较长的一边对折，然后将孩子们的手放在上面；
- 画出你孙儿们的手的轮廓，小拇指和大拇指单独分开，中间三根手指放在一起；
- 将图案剪下来，注意在边缘留出一部分用于缝合，然后将缝合部分粘住；
- 把布手套的内侧翻到外面，并熨烫平整；
- 接下来你的孙儿们可以把布偶弄漂亮点，用笔画画，用装饰性的材料比如毛线当头发，用纽扣当眼睛。

温馨小提示

- 如果可以的话，布偶也可以用针线缝起来。

4. 木偶戏

木偶可以用来即兴表演或者排一场剧，它们可以让你开心几个小时。你需要做的，仅仅是稍微动点脑筋，为孩子们的木偶戏创作一个剧本。

适用年龄： 三岁至五岁

参与人数： 不限

需要准备的材料或工具：

- 一个空的麦片盒或者鞋盒；

- 剪刀；

- 彩纸；

- 记号笔、颜料和颜料刷。

做法：

- 将空的麦片盒或鞋盒立起来放；

- 在靠近盒子顶部的位置剪一个窗口，用来让木偶们表演；

- 在这个"舞台"的外侧做一些装饰，用彩纸、笔和颜料均可。

温馨小提示

- 确保"舞台"的位置适中，让孩子们能够很轻松地操作他们的木偶。

5. 简易手偶戏

适用年龄： 五岁至十二岁

参与人数： 不限

需要准备的材料或工具：

- 一块能挡住门廊的布料（测量门廊宽度，布料的长度应当是门廊宽度的两倍）；

- 布料的宽度要高于孩子们跪坐在地时的头顶位置，这样的话，他们表演时可以藏起来；

- 长度能横穿门廊的金属线；

- 两个窗帘钩。

当这些简易道具不用的时候，可以收藏在橱柜里，以备将来使用。

做法：

- 在布料的顶部做一个褶边缝合起来，把金属线从中穿过去；
- 在门廊的两侧用金属线把窗帘钩固定好；
- 检查窗帘的高度是否合适（如果必要的话，将布料的底部做个包边）。

建模

对于年幼的孩子们来说，面团是一种绝佳的建模材料。首先从玩面团和一些市场上售卖的建模玩具如橡皮泥开始，然后你们再尝试令人兴奋的黏土材料。

1. 制作生面团

在你制作生面团时，孙辈们可以帮忙揉捏。

适用年龄： 三岁至五岁

参与人数： 不限

需要准备的材料或工具：

- 一杯半面粉；
- 一杯盐；
- 125毫升水；
- 几种颜色各异的食用色素。

做法：

- 首先将面粉、盐和水混合起来搅拌，揉成一个面团；
- 将面团放在撒了面粉的平板上继续揉搓，直到揉得表面光滑均匀；
- 将面团分成几份，每一份加入不同的食用色素染上颜色；
- 用不同的盒子将不同颜色的面团分开装起来，在冰箱里放一个星期。

温馨小提示

- 饼干模具、塑料小刀和冰棒棍都是很好的塑形工具。

2. 生面团模型

生面团是孩子们在玩模型时的万能材料。面团可以烘焙坚硬，然后涂上颜料并刷上清漆。年幼的孩子们会乐于用面团进行各种探索和实验，看能做出什么来。年龄大一些的孩子则可以尝试捏出一个碗或者做出一个壶。

适用年龄： 五岁至八岁

参与人数： 不限

需要准备的材料或工具：

- 两杯盐；
- 两杯精白面粉；
- 一大勺食用油；
- 200毫升水；
- 刷上润滑油的烤盘；

- 颜料；
- 透明清漆。

做法：

- 将烤箱预热到180℃；
- 将盐、面粉和食用油倒入一个碗里混合；
- 加入水，每次只加少许，直至将面粉搅拌成一个软面团；
- 在桌上撒一些面粉，把面团放在上面，然后孩子们可以开始揉面团，直到它变得光滑有黏性；
- 接下来他们要做的是把面团捏成不同的形状，他们可以做出珠子或徽章等，也可以做出3D立体的动物或其他物品，还可以做出陶壶——只要将面团搓成条状，然后在一个圆形平坦的底座上一圈一圈盘起来即可；
- 将做好的模型放在抹油的烤盘上，放入烤箱烘焙20分钟；
- 等到模型冷却后，就可以绘画上色了；
- 等颜料干透，再在外面涂一层透明清漆。

注意： 在大孩子使用烤箱时，祖父母一定要在旁指导。

温馨小提示

- 在开始玩面团之前采取保护措施，以免孩子们弄脏自己和桌面等。
- 在桌上铺一层桌布，给每个孩子准备一个操作用的塑料板或托盘。
- 准备一个架子或者一块空地，让完成的作品静置晾干。
- 如果"制陶"会成为长期活动的话，就用一个密封容器将没用完的面团存放起来。

3. 橡皮泥吊坠

孩子们可以戴着他们做好的吊坠当装饰，也可以送给其他人当礼物。

适用年龄：五岁至十二岁

参与人数：不限

需要准备的材料或工具：

- 一个保护好的操作台；
- 风干橡皮泥，例如达什牌、菲莫牌（在艺术和手工用品店里能够买到）；
- 一根签子；
- 足够长的绳子；
- 颜料、胶水、装饰品和透明清漆。

做法：

- 先将橡皮泥滚成一个光滑的圆球，然后压平；
- 切成小小的吊坠形状；
- 用签子扎出一个洞，然后把线穿过去。提醒孩子们把他们的名字或者首字母刻在所做的吊坠背面；
- 等吊坠自然干透；
- 如果孩子们愿意的话，他们可以在吊坠上绘画并装饰，再涂上清漆。

4. 黏土陶罐

亲手制作一个黏土陶罐是向孩子们展示陶器工艺的最佳方式。你可以从艺术手工商店或陶瓷供应商那里买一些风干的黏土，他们会告诉你怎么保存这些黏土。

适用年龄：五岁至十二岁

参与人数：不限

需要准备的材料或工具：

- 一块操作用的平板或桌面；
- 给每个孩子准备一块葡萄柚大小的黏土；
- 盛放在小碗里的清水；
- 可以设计图形的工具，例如塑料小刀、螺栓和螺钉、贝壳和其他自然材料、擀面杖、饼干模具、冰棒棍、瓶盖、纽扣、绳子和细线、梳子、牙刷、网和花边等。

做法：

- 首先，孩子们需要将黏土放在平板上滚成条形的圈。他们也可以尝试做一个扁平的螺旋；
- 通过滚线圈并将它们竖着盘绕起来，孩子们将会制作出一个螺旋状的罐子；
- 他们可以用手指头蘸一点点水，将陶罐的边缘修整得更加平滑；
- 接下来，用他们挑选的设计工具装饰罐子。

5. 捏泥罐

适用年龄：五岁至十二岁

参与人数：不限

需要准备的材料或工具：

- 一块操作用的平板或桌面；
- 给每个孩子准备一块葡萄柚大小的黏土；
- 盛放在小碗里的清水；
- 设计图形的工具。

做法：

- 将黏土滚成球形；
- 在球中心的位置捏一个洞；
- 孩子们可以用手指头慢慢捏黏土直到捏成一个浅浅的罐子形状；
- 接着用设计工具在罐子外面装饰一些图案形状；
- 将罐子摆在温暖的地方使其干燥。

珠宝

孩子们会很喜欢佩戴他们自己制作的珠宝首饰，对他们来说，制作的珠宝也是送给家人的漂亮礼物。

对于年龄非常小的孩子来说，用剪碎的吸管、羊毛等简单的材料就能做出一条迷人的项链。年龄大一些的孩子则可以用各种各样的材料做

出更复杂、更有趣的首饰。

1. 意面项链和手镯

一些面条，只要有能穿线的洞，就能变成出色的项链和手镯。

适用年龄：五岁至八岁

参与人数：不限

需要准备的材料或工具：

- 线或者尼龙绳，有鱼线更棒；
- 意大利面条，如通心粉、粗通心面、尖尖面等，或者只要一种也可以。但面条必须是空心的；
- 颜料刷或记号笔；
- 金色或银色的颜料。

做法：

- 将细绳或粗线剪成一小截，要能松垮地套在孩子们的脖颈或手腕上；
- 将线从面条的空心里穿过去；
- 用记号笔在意面项链上绘画装饰；
- 单一颜色的项链可以通过喷洒金色或银色颜料制成。

温馨小提示

- 孩子们可以将意大利面条浸泡在不同的食用色素里染色，等到面条变干，再穿线。在一碗清水内滴几滴食用色素，试一下吧！

2. 宝石胸针

孩子们可以给自己做一个宝石胸针，或者送给他们的家人朋友当作礼物。

适用年龄： 八岁至十二岁

参与人数： 不限

需要准备的材料或工具：

- 纸片和一支铅笔；
- 一张硬卡纸；
- 剪刀；
- PVA胶水；
- 一些搜集的纽扣、贝壳、串珠、亮片、意大利面面条和干豌豆等；
- 一个小的安全别针；
- 强力胶带。

做法：

- 设计胸针的形状，可以是星形的、方形的、椭圆的、菱形的，也可以是姓名的首字母形状等；
- 在纸片上画出设计草图，包括确切的尺寸和形状；
- 当你的孙儿们对自己的设计满意之后，他们就可以在硬卡纸上描出胸针的轮廓，并剪下来；
- 在剪下卡纸的一面涂上胶水；
- 将意大利面面条、亮片等材料贴在胸针的内部；
- 放置一会儿，等它干燥；

- 将胸针翻过来，用强力胶带或胶水粘上安全别针。

3. 烘烤的串珠

烘烤出的串珠可用来制作五彩缤纷的原创项链。珠子可以在某个下午做好，然后下次再进行装饰。

适用年龄： 八岁至十二岁

参与人数： 一人

需要准备的材料或工具：

- 两杯精细面粉；
- 半杯盐；
- 四分之三杯冷水；
- 钉子或细的竹签；
- 丙烯颜料；
- 颜料刷；
- 鱼线。

做法：

- 将烤箱预热到150℃；
- 混合面粉和盐，再加入水；
- 在一块平板上撒些面粉，然后开始揉搓生面团，至少揉10分钟，直到面团变得有韧性，不会脱落摔裂；
- 接着，孩子们可以用面团制作各种有趣的珠子；
- 用钉子或竹签，在每个珠子的中间戳一个小孔，要确保细孔洞能穿过整个珠子；

- 将面团珠子烘焙两至三个小时，直到珠子变干变硬；
- 绘画装饰珠子表面；
- 等到颜料完全干透，用鱼线将它们串起来，做成项链或手链。

木棍编织

木棍编织是民间艺术的一种简单形式，经常被称为"制作一个上帝之眼"。

适用年龄：八岁至十二岁

参与人数：不限

需要准备的材料或工具：

- 两根木棍，大约15厘米至20厘米长；
- 三种到四种不同颜色的羊毛线；
- 剪刀。

做法：

- 将木棍十字交叉，然后用毛线将交叉处紧紧扎牢；
- 用毛线在其中一根棍子上绕一圈并打结；
- 给你的孙儿们示范如何一只手拿棍子，另一只手编织毛线；
- 按照顺时针方向旋转，示范给孩子们看，如何将毛线在第一节棍子上缠绕一圈，然后移到下一节棍子上，继续旋转棍子，同时不断缠绕毛线；

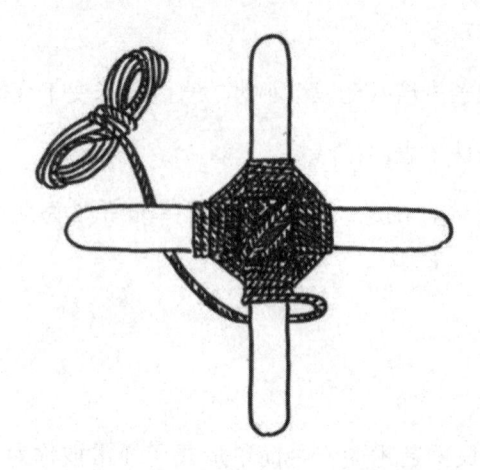

| 三代人一起玩游戏 | *Modern Grandparenting*
Games and Activities to Enjoy with Your Grandchildren

- 继续缠绕毛线，直到编织成一个菱形的图案；
- 用另一种颜色的毛线打个结缠绕，不断尝试用各种颜色的毛线，使木棍编织物变得足够绚丽夺目；
- 最后，将线头在木棍上打结完成整个编织过程；
- 还可以在编织物的四个角挂上铃铛和流苏，将木棍编织物装饰得更漂亮。

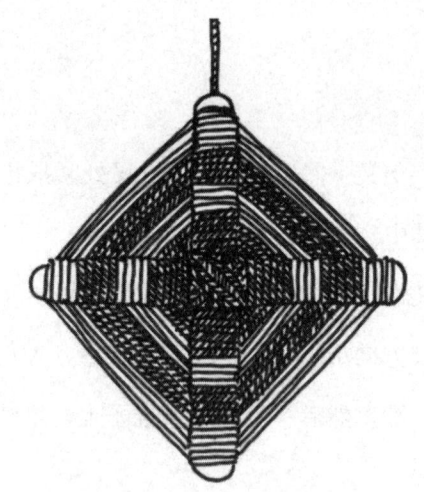

缝纫

许多祖父母们都深知，有趣的缝纫手工能带给孩子们数小时的欢乐时光。不过，开始缝纫之前订立几条规矩总是有好处的，例如：

- 开始缝纫之前要洗手；
- 不用缝衣针的时候必须将针放入插针板内；
- 大头针必须放在针垫内；
- 不用剪刀的时候必须将剪刀合拢；
- 递剪刀的时候必须头朝下。

在孩子们刚开始缝东西的时候，选择一些能够短时间内完成的缝纫项目。如果活动变得冗长而无聊，就把针线放到一边，等玩够了再回来继续做。记住：缝纫的目的应当是带给孩子们快乐。因此，当他们缝错的时候，帮助他们拆开弄错的部分，然后重新开始缝。要记得，对于大部分缝纫活动来说，固定和定位有利于成功地完成作品。

1. 缝纽扣

在衣服上缝纽扣是孩子们可以学习的一项有用的生活技能。

适用年龄：八岁至十二岁

参与人数：不限

需要准备的材料或工具：

- 衬衫或其他纽扣掉了的衣服；

- 别针或者一支缝纫用笔；
- 一根缝衣针；
- 一些纽扣；
- 棉线。

做法：

- 用别针或缝纫用笔在应当缝纽扣的地方做上记号；
- 把棉线从针眼里穿过去，形成一个套环，将棉线的两端打结；
- 将纽扣缝在织物上，针要穿过织物四次到六次；
- 将线头留长一点，这样，纽扣就不会在衣物上压太紧；
- 最后，用线在纽扣的背后缠绕一圈，再在衣物的反面打结系紧。

温馨小提示

- 在制作木偶和玩具时，纽扣能充当漂亮的眼睛。

2. 针线盒

孩子们可以动手制作一个漂亮的针线盒，将他们的缝纫材料和工具收纳在一起。你可以把针线盒存放在家，以便孩子们随时做缝纫手工。

适用年龄： 八岁至十二岁

参与人数： 不限

需要准备的材料或工具：

- 一个有盖子的旧鞋盒；
- 足够多的布料，要能将鞋盒和盖子里里外外都包住；
- 织物胶水；

- 吊穗、缎带、花边、亮片和串珠。

做法：

- 将布料剪成一块块的，刚好适合鞋盒和盖子内外的尺寸大小；
- 用胶水将剪好的布料小心地粘贴上去；
- 用吊穗、缎带、花边、亮片和串珠等材料装饰盒子的外表。

关于针线盒的装备建议：

- 一把小小的尖头剪刀，用于剪断线头等小工序；
- 一把中等型号的剪刀，用来裁剪布料；
- 不同颜色、粗细的绣线和棉线，例如合股线和柔软的刺绣线；
- 不同型号的缝衣针，用于不同密度的布料，同时，需要一个针盒来盛放它们；
- 大头针和针垫；
- 一块小的磁铁，用来收回缝衣针；
- 一个大小刚好吻合的顶针，戴在缝纫用的中指上；
- 一根软铅笔，裁缝用的滑石或划粉铅笔，用来在织物上画设计标识等；
- 直尺和卷尺。

3. 刺绣

学习刺绣这一创意手工将给孩子们带来数小时的快乐。他们很快就会发现，自己能用针线在布料上画出图案，就像他们能用一支铅笔在纸上画画一样。

115

适用年龄：八岁至十二岁

参与人数：不限

需要准备的材料或工具：

- 浅色的布料；
- 圆形花绷子；
- 缝纫铅笔；
- 不同型号和粗细的棉线、化纤线；
- 不同型号的绣花针，用于不同的化纤线和棉线；
- 剪刀。

做法：

- 将布料放在花绷子内绷紧；
- 选定一个设计图案，并画在布料上；
- 将一根长线穿过绣花针，然后在线尾打个结；
- 用直针绣的手法绣出设计图。

直针绣：

- 将绣花针放在绷子下面，然后向上刺过布料；
- 通过将绣花针向下再次穿过布料绣出一道线迹，或长或短都可以，你可以使用这种直线刺绣来绣出所有的图形；
- 通过使用不同型号和质地的绣线，孩子们能够创造出有趣的成果。

平伏针绣：

- 从右到左，将绣花针从布料的背后刺出，然后从正面刺入；

- 保持针的方向水平，不断从布料上起针、落针，要保证针脚的长度和间隙都相同；
- 结束时，回到最后一针落针的位置，将绣花针再次穿到布料反面；
- 在背面打结并剪断线，注意线头不要离布料太近。

回针绣：

- 从右到左，将针线向上穿出，再从另一点向下穿入，这样就是第一针；
- 在布料的背面，针线往前找到第三个点，向上穿出，保持针脚长度与第一针相同；
- 将针和线穿出拉直；
- 回到上一针落针的第二个点向下穿入（这样将线回穿，便绣好了第二针），接着在布料的背面往前找下一个出针点，如此重复。

绞边：

- 从右到左，将针从布料背面穿入，穿过之后将针绕过织物的边缘处，回到背面，再将线拉紧。重复上述步骤；
- 这种针法有利于防止因织物磨损而起毛边，也能用于缝合裂口，或是将两块毡布缝在一起。

缎针绣：

- 缎针法用于填充小的区域。走针时平行重复一针又一针，但绣线必须紧密。如果你喜欢的话，也可以排成斜纹；
- 在穿线时，注意不要拉太紧，以免布料缩拢起皱。尽量保持针脚

长度均匀整齐。

4. 针鼹鼠针插

一个友善可爱的针鼹鼠针插将会让绣花针变得更加安全，可随手取用。

适用年龄：八岁至十二岁

参与人数：不限

需要准备的材料或工具：

- 一支记号笔；
- 描图纸；
- 剪刀；
- 别针或图钉；
- 两块不同颜色的油毡布，每块长20厘米、宽8厘米；
- 黑色和彩色的刺绣棉线；
- 有着大号针眼的针，足够绣线穿过；
- 用于填充的棉花和羊毛。

做法：

- 在纸上描出针鼹鼠的外形轮廓，然后剪出一个纸样形状（你可以在网上找到针鼹鼠的线条画）；
- 用针将纸样钉在油毡布上，沿形状剪下，重复此步骤再剪一个；
- 将两块针鼹鼠形状的油毡布拼在一起；
- 缝合两块布的边缘，只留一个口子，用于填充棉花、羊毛等；

- 将填充物从开口处塞进去，直到"针鼹鼠"变得鼓鼓胖胖的；

- 把开口处的边缘压在一起，并整齐地缝合；

- 使用黑色绣线，采用缎针法绣出针鼹鼠的鼻子和眼睛；

- 将针插在"针鼹鼠"身上充当动物的刺针，注意不要插太深。

5. 毛娃娃

许多祖父母们仍记得用羊毛做出的这种简单的玩偶。孩子们可以用碎布头给玩偶做衣服，用回收利用的瓶盖、盒子和其他容器做家具。

适用年龄：八岁至十二岁

参与人数：不限

需要准备的材料或工具：

- 毛线（任何颜色的都行）；

- 一块长方形的硬纸板——纸板的长度就是毛娃娃的长度；

- 剪刀；

- 记号笔；

- 绣线；

- 绣花针。

做法：

- 将毛线在纸板上缠绕30圈；

- 剪断纸板底部的所有线圈，然后把毛线原样从纸板上移下来；

- 把顶部的毛线箍成一个球——这是娃娃的头部，在圆球下方脖子

的位置系上一根单独的毛线；

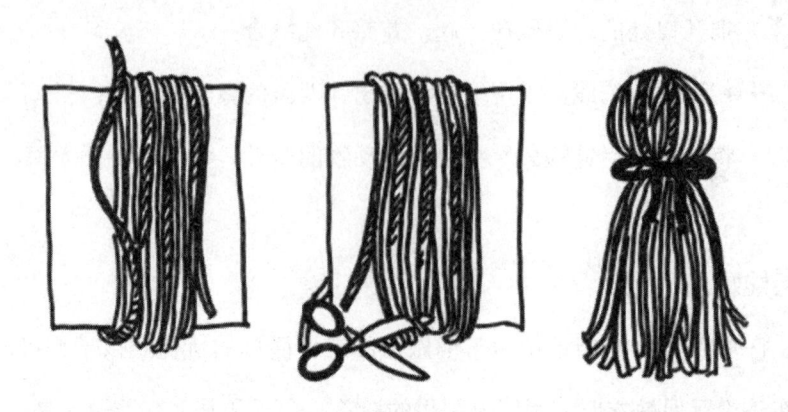

- 在左右两侧各分出一小股毛线，剪短到手臂的合适长度，然后在手腕的位置系上一小根线；
- 接下来制作躯干，将剩下的所有毛线箍在一起，在躯干的底部系上一根毛线；
- 将剩下的毛线分成两半，制作娃娃的两条腿；
- 然后做出脚，在脚踝的位置再系上两根线；
- 在娃娃的头上绣出五官，或者用记号笔画出脸部。

编织

编织活动能够让孩子们享受到征服感。制作一条神秘博士的围巾——这是一种有很多颜色的很长的围巾——就是一个不错的开始。选择一些颜色鲜亮、中等大小的毛线球，对于初学者来说，平针法比较简单适用。

适用年龄： 八岁至十二岁

参与人数： 不限

需要准备的材料或工具：

- 几个颜色不同的毛线球；
- 两根编织针，要适用于所选毛线的粗细；
- 一根大号的绣花针。

起针：

- 起针时，在毛线一头打一个活结，并套在左手编织针上，将毛线圈拉紧，使其松紧合适；
- 将右手编织针的一端从左往右穿过左手针上的线圈；
- 将毛线在右手针的顶端绕一圈；
- 将两根编织针和毛线从线圈内穿过，这样就在右手针上也形成了一个环套；
- 滑动线圈到左侧针上，将右侧针取出；
- 重复此步骤，直到完成所需针数；你可能需要20针至60针，这取

决于毛线的股数和编织针的粗细。

起伏针或平针编织：

- 左手拿已经起好针的那根编织针；
- 把右手的编织针的一头从左往右穿过左手针的第一个毛线圈；
- 在右手针的头上用毛线绕一圈，然后将两根针和毛线穿过线圈，这样就织出了右手编织针上的第一个线圈；
- 将织出的线圈从左手针上除下，这样就做好了第一步编织；
- 在平针法编织时，毛线始终要放在织物的背后；
- 一针又一针、一行又一行地继续编织，直到围巾达到所需的长度。

收针：

- 两针并一针，将第一针压在第二针上面盖过去，并把右手针一端抽出；
- 编下一针时，用同样的方法压在已有的前一针上盖过去，把针抽出；
- 重复此步骤，直到最后一针收针；
- 剪断毛线，将剩下的一端穿在最后一针里；
- 用一根绣花针将毛线的线头缝在织物内部。

温馨小提示

- 年幼的编织者可以用非常少的针数和粗羊毛线为玩偶或泰迪熊编织一条围巾。
- 给编织针涂上颜色或做标记（用一点颜料或者指甲油即可），这样的话，年幼的孩子们可以区分开左手针和右手针；

- 一旦孩子们漏掉了针数，一定要立刻加上去；
- 持续计算针数。孩子在编织时应该尽量织得宽一些，而不是越长越好。

乐器

孩子们可以演奏他们自制的乐器，进行个人秀，也可以组建他们自己的流行乐队或交响乐团。祖父母们可以帮助年龄较小的孩子们制作乐器。

适用年龄：三岁至七岁

参与人数：不限

需要准备的材料或工具：

- 任何能够发声的东西；

乐器制作的灵感来源：

- 如果孩子们中有人想打造一个乐队的话，厨房里的橱柜是个绝佳的乐器来源地；
- 两个平底锅的盖子互相撞击，就是一组出色的铜钹；
- 将乳酪刨丝器用一根绳子系起来，用茶匙敲打，能发出有趣的声音；
- 吹不同类型的空瓶子的瓶口，会增加更多种类的声音。

1. 瓶盖铃铛

瓶盖铃铛做起来非常好玩，而且能发出美妙的声音。

适用年龄：五岁至十二岁

参与人数：不限

需要准备的材料或工具：

- 五个金属瓶盖；
- 一块木板，长30厘米、宽2厘米；
- 一个小铁锤；
- 五个小钉子。

做法：

- 用小铁锤和钉子将瓶盖钉在木板平坦的一面。瓶盖不能钉太紧，应当稍微挨着木板，否则无法颤动发声。

2. 瓶子编钟

在瓶子里装上水，敲击瓶子，就会发出或高或低的不同音符声，你可以用这些瓶子编钟来演奏音乐。

适用年龄：三岁至八岁

参与人数：不限

需要准备的材料或工具：

- 八个玻璃瓶——要求形状大小都相同；
- 一把尺子；
- 一支记号笔；
- 一壶水；
- 一把木质汤匙。

做法：

- 在桌子上，将玻璃瓶摆成一条直线，确保瓶子之间的间隔很小，但不能互相碰到；

- 用尺子，从每个瓶子的底部往上测量，然后用记号笔画一道线；

- 在第一个瓶子在底部往上20毫米的地方做记号，第二个瓶子在40毫米处，剩下的每个瓶子都继续往上再增加20毫米；

- 拿起水壶，往每个瓶子内灌水，水量要刚好到所画线处；

- 用木汤匙轻轻地敲击每个瓶子；

- 你会听到敲击的音符不断变高或不断变低，这取决于玻璃瓶中水量的多少。

温馨小提示

- 孩子们可以用记号笔或颜料来装饰他们的乐器。

- 确保颜料干透，之后小小音乐家们才可以开始演奏乐器。

3. 摇响器

这是一种依靠快速晃动而发声的乐器。

适用年龄： 三岁至六岁

参与人数： 不限

需要准备的材料或工具：

- 一个塑料饮料瓶或者其他有盖子的塑料容器；

- 大米、通心粉或者小鹅卵石。

做法：

- 将瓶子或其他容器、盖子清洗干净；
- 等它里里外外都干透；
- 放进去一捧大米、通心粉或者小鹅卵石；
- 将盖子拧紧，然后摇晃。

4. 击鼓

适用年龄： 三岁至七岁

参与人数： 不限

需要准备的材料或工具：

- 剪刀；
- 一个干净的带盖子的冰激凌桶；
- 绳子或细线，用来制作挂绳；
- 彩纸；
- 两根30厘米长的木棍；
- 两个图钉。

做法：

- 要做鼓，首先要用剪刀在冰激凌桶盖子的下方——桶壁两侧对称的位置，剪出两个小洞；
- 测量绳子的长度——绳子要能从一个洞中穿入，绕过击鼓者的脖子，从另一侧垂下来穿过另一个小洞，还需要留出一小截用于打结；

- 将绳子按上述方式穿好，在两端打结固定；
- 把桶盖牢牢盖紧；
- 接着做两根鼓槌，把彩纸剪成相同的长条，大约50厘米长、1厘米宽；
- 用图钉把四条彩纸分别钉在每根木棍的底部；
- 现在孩子们已经准备就绪，可以自己敲着鼓大步前进了。

室外游戏和活动

简介

与孩子们一起度过一段室外时光是充满乐趣的。在你的花园或者后院里找一块安全的地方，孩子们可以安全地在此玩耍，发挥他们的想象力，消耗精力。如果你家的室外区域有限，就去离你家最近的合适的本地公园，当你负责照看孩子们时，可以经常带他们去那儿。

在大部分的天气里，只要穿着适合的有保护功能的衣服，祖父母们和孩子们就可以享受到室外活动的乐趣。不过，一些室外活动也可以改进一下，在车库或阳台等地进行。只要替换掉一些工具，室外活动就可以立刻改为室内活动——例如，有一个揉成一团的纸球和一个废纸篓，就可以打室内篮球了。

在你家中找一个地方存放一些便宜的用于室外游戏和活动的道具。室外游戏和活动的道具包括：

- 任何形状和大小的球（例如，网球、绒球、橡皮球、篮球、橄榄球和足球等）；

- 任何形状和大小的球棒或球拍（例如，球拍、垒球棒、棒球棒）；
- 一套板球、羽毛球、乒乓球和高尔夫；
- 便携式运动球网；
- 网球拍和塑料曲棍球棒；
- 系绳甩球；
- 粉笔，用于记录球场比分（下雨就会被冲刷干净）；
- 绳索，用于跳绳；
- 套圈；
- 飞盘；
- 盒子、旧纸板和窗帘等材料，用于制作小房子、城堡、宇宙飞船和海盗船；
- 园艺工具。

温馨小提示

- 对于孩子们来说，他们的父母小时候的运动装备是非常棒的礼物。

吹泡泡

无论孩子的年纪大小，吹泡泡对他们来说都是一项充满魔力的活动，尤其是在一个迷人的晴天。

适用年龄：三岁至八岁

参与人数：不限

需要准备的材料或工具：

- 两大勺洗涤剂；
- 一杯热水；
- 一大勺甘油（在药店可以买到）；
- 一个密封的塑料瓶或者有盖子的容器；
- 一根烟斗通条。

做法：

- 将洗涤剂、水和甘油倒入瓶中；
- 把盖子盖紧，然后使劲摇晃；
- 将烟斗通条的底部弯曲，绕成一个圈，形成一根"魔棒"；
- 用魔棒蘸一点泡泡液，然后开始吹。

温馨小提示

- 你可以将泡泡液保存在瓶子或容器内，想玩的时候再拿出来。
- 想要吹出一个巨形泡泡，就将原材料成分增加为三倍，在一个大碗里混合，再多加一些洗涤剂，并将钢丝衣架弯曲成一个大线圈，做成一个超大的吹管。
- 想要泡泡的颜色更鲜艳，加两滴至三滴食用色素在水中。如果你准备了几个水碗和几种不同的食用色素，就能制作出五颜六色的泡泡来。

水画

在炎热的天气里，用水作画是一种聪明又简单的室外活动，适用于年幼的孩子们。

适用年龄： 三岁至五岁

参与人数： 一人或一人以上

需要准备的材料或工具：

- 一个小颜料桶；
- 水；
- 一把颜料刷或糕点刷。

做法：

- 在颜料桶里装一半水，然后鼓励你的孙儿们用水"作画"，在你家房子的墙壁外侧、小路上、树上以及围墙上等等。

放风筝

无论对你还是对孩子们来说，放风筝都是一种令人激动的经历。给孩子买一个风筝，或者，你们一起制作一个。把风筝放在家中容易拿到的位置，选一个适合放风筝的天气——微风徐徐时放风筝最佳。

风筝有各种有趣的形状和大小。除了菱形的风筝，也有三角形的、四方形的设计，甚至还有像鸟的，像龙的，或者是人形的。鼓励孩子们尝试放不同式样的风筝。

在微风徐徐或风力适中的天气里，风筝能飞很高——一般情况下，大风天并不是放风筝的最佳时机。在风力适中的时候，你只要放开手上的风筝，它就会升到空中。拉拉绳子，风筝会往下降落。当风停时，风

筝也会落下来。孩子们可以通过拉绳子让风筝飞得更高，或者跑起来让风筝在空中飞舞。如果你的风筝飞不起来，那就改天再试试别的式样的风筝。

为了保证放风筝过程的安全性，可以参考以下内容：

- 一定要选一个空旷的地方放风筝，不要在马路边或者其他繁忙地段放风筝；
- 不要在居民区放风筝——没人喜欢别人的风筝掉进自己的家里或花园中；
- 绕开树木；
- 确保四周没有电线杆、铁塔或高架电缆；如果风筝或者风筝线缠到了电线上，立刻抛掉手中的风筝线；
- 不要在潮湿的下雨天或暴雨来临前放风筝；
- 教孩子们放风筝时，注意保护好他们的手；确保风筝线是缠绕在硬纸板或者一个小塑料瓶上的；当放大型的结实的风筝时，应让他们戴上手套。

很多人都会进行放风筝比赛——个人赛、双人赛或者小组赛。当地报纸或当地政府的通知会有比赛的相关消息，确定举办这些有趣比赛的时间地点，然后带着孩子们一起去观看比赛。赛况会十分激烈有趣，看着比赛者们控制他们的风筝，一会儿下降，一会儿猛冲，一会儿扶摇直上，天空中全是风筝，令人眼花缭乱，目不暇接。也许某一天，你和孩子们也有机会加入其中。

1. 菱形风筝

当你还是孩子的时候,你一定制作过菱形风筝。如今,当孩子们制作和放风筝时,菱形风筝仍然是一种受欢迎的风筝式样。

适用年龄:五岁至十二岁

参与人数:不限

需要准备的材料或工具:

- 两根长度相同的细木棍——一根是支柱,另一根弯曲或十字交叉;
- 细绳或捆绑用的强力胶带;
- 轻的材料,如厚纸或塑料,用来做风筝面料;
- 订书针或强力胶带;
- 绳子、纸条或塑料条、旧长筒袜或布料等,用来做一个风筝尾巴;
- 控制绳(也称为缰绳),用来改变风筝在空中的角度;
- 一卷牢固绳子或尼龙线,用来在空中控制风筝。

做法:

- 将用作支柱和交叉的两根木根捆在一起,可以用线缠绕两次到三次,或者用胶水粘贴使其牢固;
- 在硬纸或塑料上剪下风筝框架大小的一块,在每个方向的边缘多留出4厘米宽,用于翻转包边;
- 用订书针或强力胶带将覆盖物牢牢地固定在木质框架上;
- 剪下一小截绳子用于制作风筝尾部,绳子长度应当是风筝宽度的六倍;
- 将塑料片、纸片或布料系在绳子上;

- 用订书针或强力胶带把做好的尾部装饰固定在风筝上；
- 将你的控制绳紧紧系在风筝上，另一头系牢一卷牢固绳子或尼龙鱼线，用来放风筝。

2. 塑料袋风筝

年龄大一些的孩子们可以发挥自己的测量技能，用塑料袋来做风筝。

适用年龄：八岁至十二岁

参与人数：一人或一人以上

需要准备的材料或工具：

- 一个小号垃圾袋；
- 剪刀；
- 两根长度为60厘米的木条或木棍；
- 强力胶带；
- 一圈线；
- 一个硬纸筒或木棍；
- 一支笔；
- 尺子。

做法：

- 将垃圾袋剪开，测量尺寸并按如下图示剪出形状；
- 按照如下图示，将两根木棍粘贴在塑料袋上；

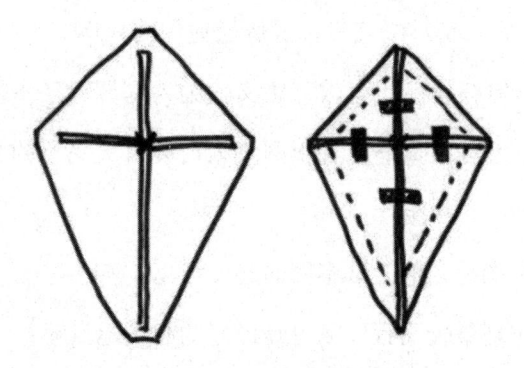

- 撑开袋子，将每个角展平，然后用胶带粘贴在木棍上；
- 将一条90厘米长的线固定在每个角上；
- 将长线缠绕在硬纸筒上，然后一端系在风筝的控制线上；
- 现在，风筝做好可以放飞了。

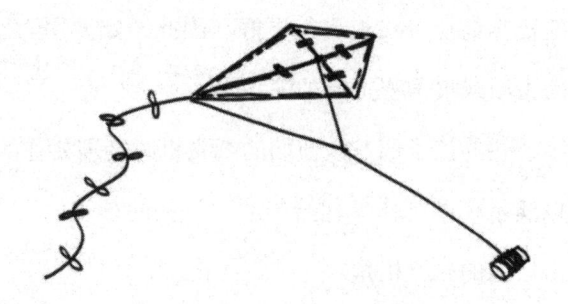

温馨小提示

- 选一个大的空旷区域试飞风筝。拿着缰绳举着风筝，这样可以乘风而上。匀速放开风筝线，让风筝平稳升空。

纸飞机

祖父母们也许还保留着他们年幼时制作和玩纸飞机的快乐回忆。不

管孩子们的年纪大小，纸飞机都能激起他们的兴趣。

纸飞机不但有趣，还有教育意义，因为它展示了飞机飞行的基本原理。同时，你也可以查书或者用网络来研究有关飞行的科学知识。你的飞行指导包括以下内容：

- 鼓励你的孙儿们尝试不同的起飞技巧；
- 为了实现最佳飞行，哪里是最好的起飞地点呢？
- 他们能否找到平衡点？
- 他们能否让飞机顺利地平稳前进？

温馨小提示

- 将纸飞机停在平坦、坚硬的平面上。
- 尖锐的棱角能让纸飞机飞得更好，因此一定要用力压出折痕——用你的指甲或尺子将折痕加深。
- 年龄小一些的孩子们在做他们的纸飞机时会需要你的帮助。
- 你可以演示模型制作流程给年龄大一些的孩子们看，然后让他们设计出自己的独特机型。

1. 基础型纸飞机

要制作一架令人惊讶的纸飞机，你真正需要的材料只有纸。如果你的纸飞机飞得不好，换一张新纸重新做一架，并再次尝试让它飞行。

适用年龄：五岁至十二岁

参与人数：不限

需要准备的材料或工具：

- 一张30厘米长、20厘米宽的硬纸；
- 胶带；
- 剪刀。

做法：

- 将一张纸纵向对折（如图1）；
- 展开，将上方的两个角分别向内折，贴到中线上（如图2）；
- 将两侧再次向中线折叠（如图3）；
- 沿中线对折（如图4）；
- 将机翼部分向外折叠（如图5）；
- 在飞机的尖头部位贴一小块胶带粘牢，在尾翼部位剪开两个小口并折叠（如图6）。

温馨小提示

- 永远不要把一架尖头飞机朝着人飞。

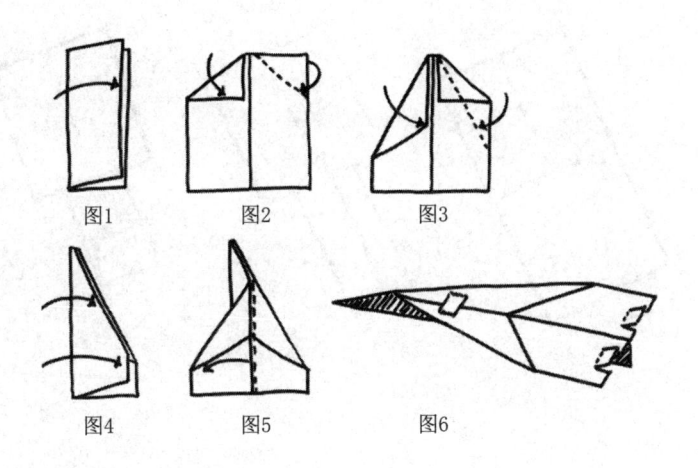

图1　　图2　　图3

图4　　图5　　图6

2. 纸质直升机

一架纸质直升机做起来很快，而且低空起飞时很好玩。

适用年龄：五岁至十二岁

参与人数：不限

需要准备的材料或工具：

- 一张长25厘米、宽6厘米的纸；
- 剪刀。

做法：

- 在一张纸上剪三条口子：水平方向剪一道长的，垂直方向剪两道短的（如图所示）；
- 沿虚线所示折叠，再将底部往上折；
- 将顶端的两条纸片分开折叠，做成直升机的机翼；

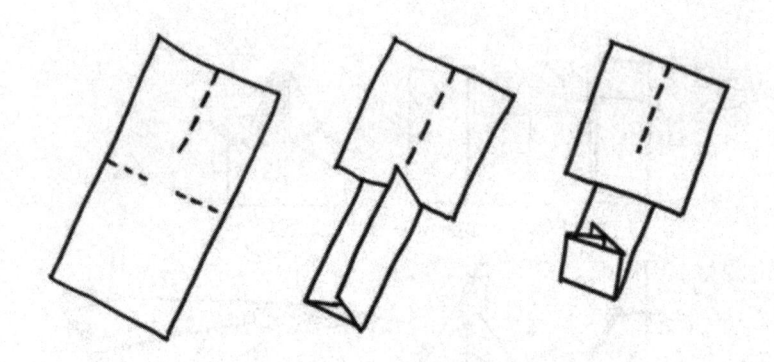

- 将直升机从一定高度位置抛出起飞，观看它在降落过程中不断旋转的样子。

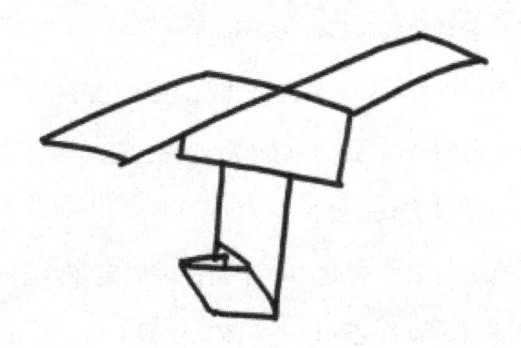

温馨小提示

- 如果孩子们需要站在椅子上起飞直升机的话，你需要抓紧他们以防跌倒。

纸风车

年幼的孩子们会非常喜欢制作纸风车。完成之后，他们可以把纸风车安装在自行车上，或者举着它奔跑，看着它旋转。

适用年龄：三岁至十二岁

参与人数：一人或一人以上

需要准备的材料或工具：

- 一张正方形的纸；
- 剪刀；
- 一个大头针；

- 一根直棍。

做法：

- 将纸张沿着对角线对折（如图1）；
- 展开，然后沿着另一条对角线再次对折（如图2）；
- 沿着每个角的折痕剪开，剪到距离中心的一半位置（如图3）；
- 将四个角分别往中心处折叠（如图4）；
- 将一根大头针钉穿折起的四个角，并固定在木棍上（如图5），注意要留出足够的空间让风车能在木棍上自如旋转。

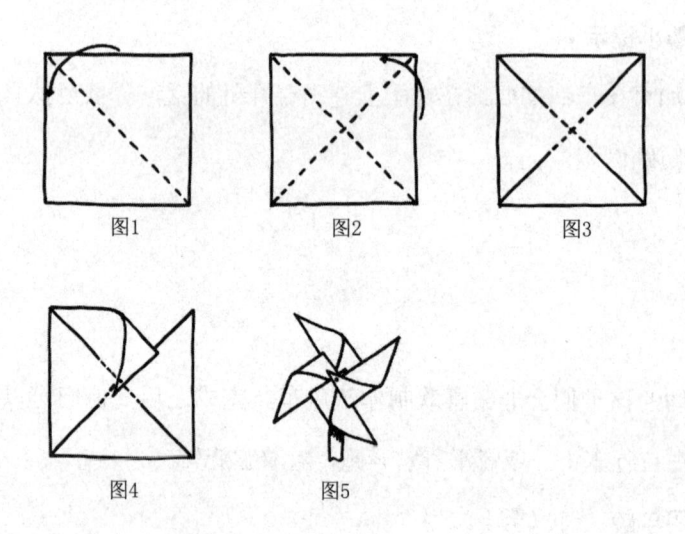

图1　　　　图2　　　　图3

图4　　　　图5

自制电话

孩子们会非常喜欢用这种简易的自制电话在室外和你打电话聊天。

适用年龄： 三岁至八岁

参与人数：不限

需要准备的材料或工具：

- 两个空的酸奶盒；
- 几米长的线。

做法：

- 在每个盒子底部钻一个小孔；
- 将线的一头穿过小孔，并打个结；将另一端穿过另一个盒子的底部，同样打个结；
- 拉紧绳子，一人对着一个盒子说话，另一人则将另一个盒子举在耳边聆听；
- 你的声音的振动会沿着细线向另一方传递信息。

室外小屋

在你的花园或后院里，一个小房子、洞穴或棚屋能给孩子们带来数小时的欢乐游戏时光。所有年纪的小孩都热爱隐秘地点，他们可以创造隐蔽处或他们的完全私人空间。如果你是一个建筑师，或者出色的手工艺人，你可以设计并建造一个树屋，或花园内的永久固定小屋。

临时搭建的小屋是孩子们玩耍的好场所。无论孩子们何时拜访，他们都可以很快在花园里搭建起小屋来。

- 将一块防水油布或床单搭在晾衣绳上，这样两边会悬挂垂落在地；用小木桩将垂落的两边固定在地上，或者用砖块压在地上；

- 在两棵树或两个小孔之间牵一根绳子,在上面覆盖一条小毛毯或防水油布;用厚砖块将毯子固定在地上;
- 在一把沙滩遮阳伞的边缘处缝上结实的布料(当你打开沙滩遮阳伞时,要确保它被安全牢固地钉在地上);
- 那些搬运家用电器用的巨大纸箱是非常棒的移动式小屋。门和窗户可以裁剪出来,而且孩子们可以用画笔装饰小屋的里里外外。把它立在阳台或花园里,当不用的时候就拿到车库或仓库存放起来。

此外,在你的车库或仓库里清理出一块安全区域,孩子们可以在那里创造一个属于自己的小小世界,并在自己的空间里玩耍游戏。也许你能找到一些孩子们能用的旧软垫或旧桌椅。

圆锥形帐篷

当孩子们前来看望你时,你们可以很容易地搭建起一个圆锥形帐篷或拱形帐篷,当不用的时候,这些帐篷也很容易收起储存在家中。

适用年龄:五岁至十二岁

参与人数:不限

需要准备的材料或工具:

- 三根结实的木棍,高度和你的孙儿们的身高差不多;
- 绳索或结实的线;
- 旧床单或窗帘;
- 颜料;
- 颜料刷。

做法：

- 用绳索或结实的线将三根木棍的一头松松地捆在一起；
- 将其中两根木棍分开形成一个"X"形状，第三根木棍放在"X"形的交叉处；
- 把三根木棍没有捆在一起的一端尽可能地分开，会在地上形成一个牢固的圆锥形；
- 在床单或窗帘的中间剪一个小洞，这样就足够盖住圆锥形支架；
- 你的孙儿们可以在帐篷的外面刷一些标志或形状作为装饰。

温馨小提示

- 大的安全别针在封住帐篷入口时会十分有用。

园艺

一些祖父母将园艺列为他们最喜欢的消遣和生活的乐趣之一。鼓励孩子们和你一起做园艺，并帮助他们学习如何培育、种植植物。

如果你的花园会在园艺周开放参观，那么明智的你需要采取一些预防措施来保护自己的花园免遭熊孩子的破坏。通常来说，想要保护你珍贵的花园，在植物的周围树立小障碍来标明界限就已经足够了。与孩子们聊聊你的花园也是好主意，解释一下为什么植物是宝贵的，而且植物们也需要爱的呵护——就如同孩子们一样。

如果你没有花园，那就带着孩子们去当地公园或你所在城市的植物园欣赏各种植物和花卉的形状、香味和颜色吧。别忘了，可以与孩子们

一起做的与植物成长有关的简单活动有很多，不一定非要做一个真正的园丁。

温馨小提示

- 如果有必要的话，当一株植物死掉后，用一株类似的生长旺盛的植物替代它，以免我们的小小园艺者为此而伤心，这也有助于让他们保持对园艺的热情。

1. 种胡萝卜

与年幼的孙儿们一起做园艺可以很简单，例如种胡萝卜和播种蔬菜。孩子们能够看着它们长大，并第一次体验到园艺的乐趣。当你的孙儿们在种胡萝卜头时，他们将会看到一个全新的长满绿叶的胡萝卜头冒出来并成长起来。

适用年龄：五岁至十二岁

参与人数：一人或一人以上

需要准备的材料或工具：

- 一个顶部留着绿缨子的半截胡萝卜头；
- 一个小碟子。

做法：

- 将胡萝卜的顶端剪掉；
- 将剪下来的胡萝卜头放在一个盛水的小碟子里，放在向阳的窗台上；
- 在一周至两周之后，胡萝卜头会发出新芽。叶子可以用来拌沙拉、做汤或者做装饰。

2. 种子发芽

选择诸如黄豆或豌豆之类的体积较大的种子种下，孩子们可以了解到种子发芽的全过程。他们可以看到每粒种子开始冒出须根，然后长出细嫩的绿芽。

适用年龄：五岁至十二岁

参与人数：不限

需要准备的材料或工具：

- 棉线；
- 一个碟子；
- 种子。

做法：

- 在碟子里铺一层棉线，然后浸湿水；
- 放几粒种子在潮湿的棉线上；
- 将碟子放在温暖、光照好的地方；
- 确保棉线始终保持湿润；
- 种子将会在一周至两周之后开始发芽，发芽之后你可以将它们移植到室外。

3. 种植并食用蛋壳菜园

孩子们会乐于用各种有趣的器皿在室内给种子催芽，而且他们还能吃到自己种植的蔬菜。水芹的成长速度很快，而且味道不错。它在浅浅

的器皿中就能长得很好：只要保证土壤足够湿润并将容器放在向阳的窗台上即可。

适用年龄：三岁至八岁

参与人数：不限

需要准备的材料或工具：

- 干净的空蛋壳，你可以在做菜时收集几个；
- 记号笔；
- 棉线；
- 一小包水芹种子；
- 蛋杯。

做法：

- 用记号笔在蛋壳上做装饰；
- 将棉线用水浸湿，然后放在蛋壳内；
- 在棉线上层撒一些水芹种子；
- 将蛋壳放在蛋杯内，放在窗台上；
- 确保棉线始终保持湿润；
- 静置几天之后，蛋壳菜园就会发芽；
- 当水芹长到和你的手指一样长时，剪下一些，做成沙拉或三明治给你的孙儿们吃。

4. 食物潜水艇

孩子们可以收获他们的水芹，用来制作他们自己的食物潜水艇——

将长的面包卷内塞满他们喜欢的填充物。

适用年龄：三岁至八岁

参与人数：不限

需要准备的材料或工具：

- 每人一个长的面包卷；

- 黄油或奶油；

- 填充物（具体如下）：

- 捣碎了的金枪鱼混合蛋黄酱、甜玉米和水芹；

- 捣碎了的煮鸡蛋混合蛋黄酱或者平平地覆盖上水芹；

- 炒熟的鸡肉和酸奶，加上水芹；

- 切片的意大利蒜味香肠和番茄，加上水芹；

- 切碎的芹菜和胡萝卜丝，混合松软干酪、天然纯酸奶和水芹；

- 生菜、番茄、水芹和其他沙拉食材。

做法：

- 将长面包卷纵向切一片下来，但不要完全切断；

- 在面包上涂上黄油；

- 把你选择的食材填充物堆积在内；

- 将切开的顶部盖上；

- 用保鲜膜缠绕起来或者包好，直到准备开吃。

温馨小提示

- 苜蓿种子可以替代水芹种子使用。

5. 可食用森林

孩子们可以在盘子上种植一片可食用森林。

适用年龄： 三岁至八岁

参与人数： 一人或一人以上

需要准备的材料或工具：

- 棉线；
- 一个大盘子；
- 水芹或苜蓿种子；
- 小体积的动物玩具。

做法：

- 将棉线盘绕在盘子的边缘一圈内，浸湿棉线，然后撒上水芹种子；
- 把盘子放在温暖的向阳的地方，例如窗台上；
- 当种子开始发芽时，把小的玩具动物放在盘子中间；
- 很快你就可以剪掉"森林"，使玩具动物再次露出来，并用你的可食用森林做三明治。

6. 盘子花园

孩子们会发现这种微型的景观设计项目是一种非常有趣的活动。

适用年龄： 三岁至八岁

参与人数： 一人或一人以上

需要准备的材料或工具：

- 铅笔和纸张；

- 一个旧的大餐盘、罐头盖或播种盘；
- 盆栽土；
- 祖父母和孩子们佩戴的园艺手套；
- 收集的一些小细枝、叶子和花序；
- 剪刀；
- 小鹅卵石；
- 一个小碟子。

做法：

- 使用铅笔和纸张，为你的盘子花园画出一个设计图；确定好摆放花坛、树木、小路和池塘的位置；
- 在盘子或器皿内填满土（别忘了戴手套），稍微浇水使其潮湿；
- 修剪花序、小树枝和叶子，然后将它们放在盘子的指定位置；
- 用鹅卵石铺出一条小路；
- 把小碟子压在土壤内，然后装水，做成一个池塘。

景观园艺小提示：

- 当花朵谢了之后，可以用新的替换；
- 使用不同的花朵、叶子和树枝来制作全年四季不同的园艺景观；
- 在你的花园内增加一些小玩具，如鸭子、乌龟和小鸟。

7. 盆栽植物

对于缺乏花园空间的园艺爱好者来说，不管他们处于什么年纪，用花盆种植植物都是一项很棒的活动。盆栽植物可以在阳台上很好地生

长，也可以作为礼物送给别人。

适用年龄：三岁至十二岁

参与人数：不限

需要准备的材料或工具：

- 挑选一些种苗：

    ※ 牵牛花和万寿菊花苗生长很快，而且开出的花朵鲜艳；

    ※ 香草类比如百里香、薄荷、香芹和鼠尾草闻起来不错，吃起来也不错；

    ※ 生菜有许多种类，是一种生长快速的蔬菜。收获时可以一片叶子一片叶子地掰下来，做三明治和沙拉时食用。

- 收集一些盆或罐子，例如铁皮罐头或塑料冰激凌桶等；
- 家用油漆；
- 锤子和大铁钉；
- 小石头；
- 品质较好的盆栽土；
- 祖父母和孩子们佩戴的园艺手套；
- 园艺工具——旧的餐叉和汤匙也可以；
- 植物化肥。

做法：

- 在一个园艺商店里购买种苗；向店员咨询一些种植建议，确保种苗能在你们居住的地方生长得很好；
- 用油漆装饰花盆或其他容器（家用油漆在室外也能持久保持）；

- 当花盆干透之后，用大钉子在容器底部钻一个洞，这能避免植株积水过多；
- 倒入小石头，以免底部的小洞被泥土塞住；
- 在花盆中倒入一半盆栽土（别忘了戴手套）；
- 用你的园艺工具将种苗种植在花盆里；
- 轻轻地把每株种苗周围的土压实；
- 给每株种苗浇一杯水，然后撒上化肥。

温馨小提示

- 孩子们可以把他种植的盆栽植物带回家。你们可以通过电话、传真、信件或电邮来跟进植物的生长情况。

8. 用花盆种植球茎花卉

秋季是种植球茎花卉的好季节，这样到了春天它们就会开花。与孩子们一起到一个园艺商店挑选球茎花卉，例如水仙花和百合，它们在花盆中也能生长良好。

适用年龄：三岁至八岁

参与人数：不限

需要准备的材料或工具：

- 祖父母和孩子们佩戴的园艺手套；
- 盆栽土；
- 一个深碗或花盆；
- 球茎花卉；

- 一个塑料袋。

做法：

- 戴着手套，在容器底部铺上一层盆栽土；
- 将球茎放在土壤里，它们的尖头要向上朝着碗的顶部；
- 在球茎上覆盖更多土壤；
- 保持土壤湿润，在碗或花盆的上空套一个塑料袋有利于保湿；
- 注意观察，当第一片嫩芽发出时，将碗移到向阳的窗台上；
- 耐心等待花开。

9. 用广口瓶种植球茎花卉

帮助孩子们在一个装有水的广口瓶中种植球茎植物。他们可以观察到它发芽、生根、吸取球茎内的营养物质成长。

适用年龄： 三岁至八岁

参与人数： 一人或一人以上

需要准备的材料或工具：

- 一个空的酸奶盒；
- 一把小刀；
- 一个空的广口瓶；
- 一株郁金香或水仙的球茎。

做法：

- 用小刀将酸奶盒子的底部切掉；
- 将酸奶盒塞进广口瓶的顶部；

- 将球茎尖头朝上，放进酸奶盒内，需稳稳地放着不会掉落；
- 在广口瓶内注水，使水刚好盖过球茎的底部；
- 将广口瓶放在阴暗不见光的地方，直到球茎根部长到10厘米长；
- 然后把广口瓶移出来，放到光照充足的地方，等待观赏你的球茎开花。

温馨小提示
- 最好动手帮孩子们切掉酸奶盒子的底部。

10. 孩子们的小花园

如果孩子们定期来看望你，那么就在你的花园里划出一小块土地让他们来照顾吧。他们可以播种、栽苗，然后观察植物的生长。

适用年龄：三岁至十二岁

参与人数：不限

需要准备的材料或工具：
- 帽子、园艺手套和防晒霜；
- 冬天的高筒靴和夏天的防护鞋；
- 一套适合儿童使用的园艺耙子、小铁锹和小铲子；给工具的把手涂上鲜艳的颜料以免丢失，并告诉孩子们如何保养这些工具；将它们存放在某个特定的地方妥善保管，等到下次孩子们前来拜访时再取出；
- 一个小的洒水壶；
- 一个篮子，用来放工具、籽苗和种子等。

做法：

- 在你的花园里挑选一个向阳的角落，要确保土壤是施过肥且深耕过的，这样植物会成长得相对快一些；
- 到一家苗圃去，并让你的孙儿们自己选择他们想要种植的植物；引导他们选择那些不需要精心照料、生命力顽强的品种；
- 忽略花园内的颜色搭配和整体协调吧，孩子们会偏重于选择那些五颜六色的鲜艳花卉；
- 类似铁丝网等保护性的围栏有助于纤弱的植物顺利成长；
- 选择一些能迅速发芽的种子、嫩苗和已开花的植物组合起来种植，这样你的孙儿们可以很快看到成果，而且生长速度快的植物有利于他们认识到种子和正在生长的嫩苗之间的关系；
- 选择一些多年生植物和一年生植物混合种植，因为一年生植物只能提供一个季度的鲜艳旺盛，而多年生植物则每年都会带来成长的乐趣。

种水果和蔬菜

鼓励你的孙儿们多吃水果和蔬菜的最好方法之一，就是让他们自己种植水果和蔬菜，并且从花园里直接采摘。

- 萝卜生长迅速，能很快收获；它们大约一个星期发芽，六周至八周之后就可以收获；
- 生菜同样也可以在六周至八周之后食用；

- 将胡萝卜从土里拔出来的过程充满惊喜,孩子们可以帮忙"消灭"掉鲜嫩可口的小胡萝卜;
- 甜玉米、黄豆和豌豆生长迅速,而且采摘方便;
- 草莓和其他浆果方便孩子们在花园中玩耍时直接摘来食用;
- 像樱桃一样大的小番茄,能够在光照充足的花园土壤或大的花盆里茂盛生长,孩子们可以在小番茄成熟时直接摘来吃。

1. 调味田园沙拉

在你的孙儿们帮忙种植那些"绿色东西"后,一份田园沙拉将会变得格外诱人。

适用年龄:三岁至十二岁

参与人数:不限

需要准备的材料或工具:

- 一个大汤匙;
- 一个有螺旋盖的广口瓶;
- 一把小刀;
- 一块案板;
- 一个擦丝器;
- 一个大碗。

用于制作沙拉的调味料:

- 两勺橄榄油;
- 两勺醋;

- 少量芥末；

- 现磨黑胡椒粉；

- 少量糖。

用于制作沙拉的原材料：

- 半颗新鲜生菜；

- 四分之一根黄瓜；

- 两根胡萝卜；

- 两个番茄；

- 两棵西芹；

- 一汤匙切碎的香芹。

做法：

- 首先调味，将所有调味料放入广口瓶中，盖紧盖子，然后摇晃均匀；

- 其次制作沙拉，将生菜撕碎，黄瓜切丁，胡萝卜擦丝，然后将番茄和西芹切碎，最后将香芹切碎；

- 在一个大碗中将所有蔬菜混合，倒入一些调味汁，加入香芹，搅拌均匀后即可食用。

温馨小提示

- 可以加入任何新鲜的蔬菜、水果、坚果或者奶酪块。

- 适合儿童使用的小刀可以在儿童商店内买到。

2. 水果沙拉

适用年龄：三岁至十二岁

参与人数：不限

需要准备的材料或工具：

- 一个果蔬削皮器；
- 一把小尖刀；
- 四根至六根15厘米长的竹签。

食材：

- 三根香蕉；
- 两个苹果；
- 两个猕猴桃；
- 一小篮洗干净的草莓；
- 冰激凌或酸奶，备用。

做法：

- 将水果洗干净；
- 用果蔬削皮器将苹果和猕猴桃削皮；
- 将水果切成3厘米宽的小片；
- 用竹签将水果串起来，确保每根竹签上串有每一种水果；
- 蘸冰激凌或酸奶食用。

活力游戏

孩子们会乐于制作属于他们自己的临时运动装备——同时这将帮你省一大笔钱。孩子们能在玩室外游戏时有所成长，尤其是那些需要进行

蹦高、跑动、弹跳、保持平衡、抛掷和追逐等等一系列运动的游戏。这些充满活动的游戏有助于培养孩子们的手眼协调能力和锻炼其他身体技能，另一个好处是能消耗掉孩子们过度旺盛的精力。

适用年龄： 三岁至十二岁

参与人数： 一人或一人以上

需要准备的材料或工具：

- 用胶带扎好的一卷报纸制作球拍；
- 把纸压碎，然后用胶带捆绑起来，做成一个临时的不会滚太远的球；
- 将冰激凌桶倒扣起来，当作边界或目标。如果是起风的天气，就在冰激凌桶里装入沙子或水之后使用。装了沙子或水的塑料饮料瓶同样适用。

温馨小提示

- 给花园栅栏上的树桩刷颜料或用粉笔绘画。
- 在车库外墙上用颜料或粉笔画一道线，充当网球的网。
- 如果你的活动区域有限，就使用塑料运动装备吧；（想要用塑料拍子击中一个越过障碍的球会更难。）
- 注意你自己的身体状况。你最好坐在不远处的椅子上，边喝茶或咖啡边照看孩子们。

1. 豆子沙包

存放在小屋或橱柜里的豆子沙包是十分有用的。对年龄较小的孩子们来说，沙包玩具在扔和抓的时候都十分安全，年龄大一些的孩子们可以用它们来练习杂耍。你可以自己制作这些小豆子沙包，或者和孩子们一起完成制作。

适用年龄：三岁至十二岁

参与人数：不限

需要准备的材料或工具：

- 大小在10平方厘米左右的硬纸板；
- 厚布料；
- 剪刀；
- 针线；
- 一个小的塑料密封袋；
- 大米或扁豆。

做法：

- 用四方形的硬纸板当模板，裁剪出两块同样大小的布料，每一个沙包需要两块布料；
- 将布料的反面向外，手工或用机器将这两面布料的其中三条边缝在一起；
- 把缝好的布袋内外翻转过来，这样布料的正面图案就在布袋外面了；
- 在小塑料袋里装好大米或扁豆并扎紧；
- 将装得满满的塑料袋塞进布袋中；
- 把布袋开口的那一条边捏起来，然后紧紧缝合。

温馨小提示

- 对于年轻的杂耍爱好者来说，三个或以上的沙包就是很好的道具了。
- 用旧袜子可以做一种简易版本的沙包。在袜子里填满干豆子，然后把这只袜子卷入另一只内，这样豆子就不会掉出。将袜子缝合或用胶水粘好，可以使沙包更加牢固。

2. 越障训练

对于任何年纪的孩子来说，越障闯关都是非常有趣的。在你的花园或后院里，用一些日常的物品设置一个障碍区，这些关卡应当让孩子们有不同的移动体验，包括上和下、钻洞、绕圈、穿插、向前和退后、进和出等等。

适用年龄：三岁至十二岁

参与人数：一人或一人以上

需要准备的材料或工具：

- 一张蹦床或简易床垫，用来弹跳或跨过；
- 一些放在平地上的旧轮胎，用来踩过或穿过；
- 一架梯子，平放在地上，用来双脚合并在格子中跳跃，或者踩在横木上一级级地保持平衡地走过；
- 一些盒子，用来跳进、飞跃和绕圈跑；
- 椅子、桌子、篮筐、阶梯、绳索等；
- 三张摆成一排的椅子，用来走过或爬行穿过；

- 一张表面盖有衣服的桌子，用来攀爬翻越；
- 一个悬挂在树上的篮筐，要把沙包从中间准确地投进去；
- 两把椅子或两棵树之间拉直的绳子，要从上面跳过去或者从下面钻过去；
- 小路上用粉笔画出的线，用来沿着线走或者踩着线保持平衡走过；
- 球类，例如卷起来的袜子，用来扔进一个洗衣篮里；
- 旧枕套或麻布袋，用来穿着或跳进去；
- 固定在帐篷桩上的油布，要从下面匍匐爬过去；
- 架在两个旧轮胎上的木板，要从上面保持平衡走过。

你不需要改变以上障碍来调整关卡的难易程度。你可以通过改变需要穿越障碍的线路，来挑战孩子们的不同身体技能，例如，向前走很容易，但是倒退着走就困难得多。他们可以走、匍匐爬行、蹦跳、跑动或越过这些关卡。你也可以增加一些关卡要求，例如在他们穿越障碍的同时要扔、抓、投或者踢开球或沙包。

温馨小提示

- 设立一个放着橘子、榨汁机和塑料杯的台子，这样当孩子们完成障碍穿越抵达终点时可以给自己做一杯橘子汁作为奖励。

3. 踩高跷

踩着高跷走动并保持平衡是一项富有挑战性的活动。年龄较小的孩子们可以协助你一起制作高跷，而年龄大一些的孩子可以亲自制作他们自己的高跷，你只需要在旁指导。

适用年龄：五岁至十二岁

参与人数：不限

需要准备的材料或工具：

- 两个容量为825克的空罐头；
- 一把锤子；
- 家用油漆和漆刷；
- 一把大螺丝刀；
- 尼龙绳或麻绳。

做法：

- 将罐子洗干净并撕掉标签纸；
- 将任何粗糙的边缘部分用锤子锤打平滑；
- 在罐子外面涂上鲜艳的色彩——可能需要涂两层油漆；
- 用螺丝刀在其中一个罐子靠近底部的地方钻一个洞，然后再正对着的另一侧也钻一个洞；在另一个罐子上钻出同样的两个洞来；
- 将尼龙线或麻绳穿过每个罐子上的小孔；
- 将罐子底朝下倒扣着，为了找准绳子的正确长度，让孩子们站在罐子上，绳子拉直后刚好到孩子们的手边，做好绳长记号；
- 剪去多余的绳子，在罐子内侧将绳子的两端紧紧打结。

温馨小提示

- 绳长可以调整得适合每个不同的踩高跷者。
- 将既有挑战性又好玩的高跷存放在你的家里，大一点的孩子可以多制作一副带回家和朋友们一起玩。

4. 跳绳

跳绳运动很适合伴着音乐和节奏一起进行，也有助于锻炼孩子们的协调能力。

适用年龄： 五岁至十二岁

参与人数： 两人或两人以上

需要准备的材料或工具：

- 跳绳或一根长的麻绳；
- 一个沙包。

玩法：

- 与伙伴一起跳绳是最有趣的，也是最容易学会跳绳的方式。两个人分别拿着跳绳的两端（年龄大一些的孩子可以用长的麻绳替代），当有人从绳子中间跳过时，甩一下绳子。如果只有你们两个人玩，可以把绳子的一头系在栅栏或树上，另一头由一个人拿着摇动绳子。

- 当孩子们已经学会如何跳之后，他们可以进一步尝试使用自己的绳子进行单人跳绳。要确保绳子长度合适，而且能让年幼的孩子轻松地甩动起来。孩子们有许多跳绳的步法可以学习，例如双脚跳和左右脚交替跳。年龄大一些的孩子可以通过统计他们跳的次数来测试跳绳技术，或者改变舞动跳绳速度的方式，先慢速跳多少下，再快速跳多少下。

- 对于孩子们来说，跳绳是一种既充满活力又简单易行的游戏。将

沙包系在绳子的一端，然后在地面上绕着圈甩动绳子。孩子们可以在绳子快到时跳过去，如果游戏者碰到或绊到了绳子，就算出局。留到最后的那个人便赢了。（确保每个游戏者轮流负责甩绳子。）

5. 跳房子

跳房子是一种永不过时的、变化多样的游戏。在所有版本的跳房子游戏里，都会在地上用粉笔或颜料画出一个网格。

适用年龄：五岁至十二岁

参与人数：一人或一人以上

需要准备的材料或工具：

- 一块可供玩耍的平坦的硬地；
- 粉笔，用来画线；
- 一块小石头。

玩法：

- 找一块水平的硬地，用粉笔画出一个网格；如果是沙地或土地，可以用棍子画出线来；每个格子应当为44平方厘米大小；
- 给每个格子标上序号；
- 在画的房子格子之前60厘米远的地方，画一条起止线；
- 游戏者站在线外，按顺序将石头扔进不同的格子里。他们在格子里单腿一级级跳过去，确保不能踩线，在往回跳时将石头捡回来；

- 当两个格子并在一起时，游戏者可以获得两只脚着地的休息机会，左右脚分别踩在两个格子里；
- 当游戏者错过了扔有石头的格子或者踩线时，就算输掉这一局；游戏者的石头可以留在格子里，等下一轮再挑战。

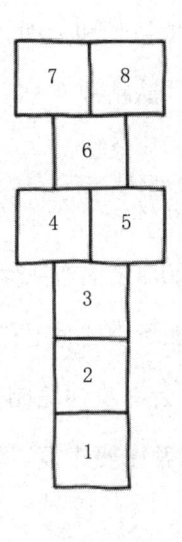

```
        ┌───┬───┐
        │ 7 │ 8 │
        └───┼───┤
            │ 6 │
        ┌───┼───┤
        │ 4 │ 5 │
        └───┼───┘
            │ 3 │
            ├───┤
            │ 2 │
            ├───┤
            │ 1 │
            └───┘
           起止线
```

6. 球类游戏

你可以帮助年龄很小的孩子们成功抓住球，让他们把手放在身体前面，双手捧在一起。引导他们去抓住球，然后引导他们把球扔回给你。在一开始，站在离孩子很近的地方，当他们学到如何成功抓球之后，将距离拉远一点。多给予一些欢呼和鼓励的话语。

适用年龄：五岁至十二岁

参与人数：两人或两人以上

需要准备的材料或工具：

- 各种材质柔软、中等大小的球类，例如气球和轻沙滩排球；通过扔、抓、踢、弹和控球等技能可以帮助孩子们发展和提升他们的球类游戏技能；通过玩一些简单的、小范围内进行的不同游戏，有助于锻炼孩子们的协调和运动能力；也有利于帮助孩子们树立公平竞争的意识和团队精神。

温馨小提示

- 年幼的孩子更适合玩体积大一些的球。对于年幼的孩童来说，一个直径在18厘米至20厘米的泡沫球或塑料球的大小比较合适。
- 年龄大一些的孩子在玩小球时更有挑战性。
- 年龄大一些的孩子会喜欢你花园里的篮球筐。他们可以用它来锻炼投篮能力，或者比赛投篮，看谁能在一定次数内投中的次数最多。

7. 法式板球

这是一种简单的用球拍击球的游戏，会使用到基本的击球、抓球技巧，击球时不需要跑动，也不需要球柱。

适用年龄： 五岁至十二岁

参与人数： 两人或两人以上

需要准备的道具：

- 一个网球；
- 一副板球拍。

玩法：

- 首先选定一个人来击球。击球手双脚合并站立，将球拍举在双腿前方；
- 另一个人将球从低于手臂的高度朝着击球手的腿部扔过去，目标是击中对方的腿，其他人则站在球场的周围；
- 击球手利用球拍来防守，他们可以从任何角度击球，但是绝对不允许移动双脚——即便球是从背后击来的。相反，他们只能扭腰转身来防守；
- 每次球落地之后，都必须从落地的那一处开始发球；
- 击球手如果移动或者被球击中腿部，就算出局；
- 当击球手出局，发球的那个人就是下一轮游戏的击球手。

8. 墙上网球

有多种球类运动适合你和孩子们一起玩，如果你有一堵墙的话，那么种类会更多。墙上网球就是一个不错的例子，规则非常简单。

适用年龄： 五岁至十二岁

参与人数： 两人或两人以上

需要准备的道具：

- 一个网球；
- 一堵墙。

玩法：

- 两个人面对着墙，其中一个人开始发球；

- 每个游戏者都必须用他们手中的球拍击中球;
- 网球每击打一次,必须要在地上跳一次,然后弹到墙上,再弹回地面跳一次,之后游戏者才能再一次击球;
- 如果游戏者没有及时接到球,或者直接打到墙上没有经过地面的一次弹跳,就会扣分;
- 每一球的赢家可以获得下一次的发球机会;
- 当游戏者中一人赢到21分时,游戏结束。

温馨小提示

- 如果你家里没有合适的墙,到当地的公园里找找看。

9. 系绳网球

这是一种简单版本的游戏,你可以从玩具商店里买到。孩子们可以放心地享受拍打球的乐趣,而不用担心球飞过墙消失不见。

适用年龄:五岁至十二岁

参与人数:两人或两人以上

需要准备的道具:

- 一个网球用的球;
- 长筒袜或连裤袜;
- 一根扫帚杆或花园里的棍子。

玩法:

- 将球放在长筒袜或连裤袜里面,然后把它系在扫帚杆或棍子的一端;

- 将扫帚杆或棍子稳稳地插进地里；
- 游戏者必须通过击打球让长筒袜以木杆为圆心转起来，另一个游戏者则从相反的方向击球。

温馨小提示

- 这个游戏适合一个孩童独自玩耍，能够让他进行大量的击球练习。

10. 撞柱游戏

孩子们可以在制作自己的"保龄球场"和打撞柱游戏时玩得很开心。

适用年龄：五岁至十二岁

参与人数：两人或两人以上

需要准备的材料或工具：

- 十个空的带盖子的塑料饮料瓶（每个体积为一公升）；
- 装饰材料，例如颜料、荧光粉、胶水和彩纸；
- 颜料刷；
- 漏斗；
- 十杯沙子、大米或豆子；
- 一个网球。

做法：

- 用画笔绘画装饰每个瓶子，然后等颜料变干；
- 用漏斗给每个瓶子里装一杯沙子、大米或豆子。

玩法：

- 将瓶子按照不同的图形摆放，例如，最后一排四个，前一排三

个，再前一排放两个，最前排放一个；

- 孩子们可以轮流游戏，比赛看谁能用网球击倒更多的瓶子；大一些的孩子可以制作一个记分板，用来游戏时记分数。

温馨小提示

- 通过滚动网球击倒瓶子来测试。如果瓶子很容易倒下，就多加一些沙子；如果很难击倒，就倒掉一些沙子减轻重量。

11. 套圈

套圈很容易做，玩起来也十分有趣。

适用年龄： 五岁至十二岁

参与人数： 两人或两人以上

需要准备的材料或工具：

- 纸或塑料盘子；
- 剪刀；
- 一根棍子。

玩法：

- 将纸板或塑料盘的中间剪掉，制作一个环；
- 将棍子重重地插入地里，让它稳稳直立，大约露出地面20厘米的长度；
- 每个孩子站在指定的地点，然后朝着棍子的方向投掷他们自己做的环；
- 当套环准确套住棍子时，得分。

温馨小提示

- 向孩子们演示如何水平地拿着套环，用手腕的力量扔出。

室外寻宝游戏

室外的寻宝游戏和室内的寻宝游戏类似，同样能给精力充沛的孩子们带来足够的兴奋和刺激。在你安排好所有寻宝线索之后，你可以坐回沙发上，享受快乐。

适用年龄：三岁至十二岁

参与人数：两人或两人以上

需要准备的材料或工具：

- 宝藏——一件易于隐藏的物品，如一个玩具、一件首饰或者一罐可以分享的糖果；
- 笔或铅笔；
- 便利贴或小纸条；
- 制作藏宝图的纸张。

做法：

- 选定一个藏宝的好位置；
- 计划好你的追踪路线，在小纸条上留下五个到十个线索；
- 制作一个藏宝图，包括线索或指令，例如，"走二十步，查看一个有虫子的地方的背面。"（答案：堆肥箱。）
- 你可以让其他大人也加入到寻宝过程中来，在线索内提到他们，例

如，给爷爷画一个毛茸茸的动物，然后爷爷会给出下一个线索。

温馨小提示

- 明确说明花园的哪些地方是在界限外的。
- 确保你的花园是安全、无风险的。
- 打扮成海盗的模样会更有趣。
- 可以允许祖父母加入游戏并帮助小寻宝者阅读线索。
- 如果游戏人数很少，祖父母们也可以加入寻宝，但是他们绝对不可以自己找到宝藏。

弹珠

许多祖父母仍记得他们曾经当宝贝一样收集的弹珠，也许你们中的一些人直到现在还保留着这些弹珠。

1. 弹珠游戏

适用年龄：五岁至十二岁

参与人数：两人或两人以上

需要准备的材料或工具：

- 粉笔；
- 八个至十个弹珠。

玩法：

- 画两个圆圈——内侧的圈宽30厘米左右，外侧的射击圈大约2米宽；

- 每个游戏者在内圈放两个到三个弹珠;

- 游戏者站在外圈的外面,然后轮流将一个弹珠弹进内圈;当游戏者用"射击"的弹珠将原本在内圈的珠子弹出时,则视为获胜;

- 获胜的游戏者可以持续"射击",直到未能弹出珠子时,才视为失败;或者,你也可以规定轮流游戏,每次只能弹一次,无论是成功弹出珠子还是失败;

- 当所有弹珠都已经从内圈弹出时,拥有最多弹珠的游戏者获胜。

温馨小提示

- 射击的技巧规则需要所有游戏者达成一致意见。

- 要想成功弹好弹珠,需要花些时间来练习如何用拇指弹弹珠。

2. 弹珠炸弹

这是一种适合年幼的孩子们玩的简单弹珠游戏,当然,确保他们用的不是你珍藏的弹珠。

适用年龄: 五岁至十二岁

参与人数: 两人或两人以上

需要准备的材料或工具:

- 粉笔;

- 八个至十个弹珠。

玩法:

- 在地面上画一个直径30厘米的圆圈;

- 每个游戏者放两个至三个弹珠在圆圈内;

- 每个游戏者轮流用手中的一个弹珠投弹到圆圈内；
- 在投"炸弹"弹珠时，手臂应当伸直到圆圈上方、与眼睛水平的位置；任何在圆圈外"爆炸"的弹珠将由投弹者拿走；
- 当圆圈内没有弹珠剩余时，游戏结束。

绿色活动

培养孩子们对地球的认知很容易，例如：下雨时带他们到你的花园里散步，然后数一数有多少蚯蚓从灌水的地洞中逃出来；年龄大一些的孩子在参与环保项目时可以了解到他们所能做的一些保护我们的地球的积极举措。

1. 小型堆肥罐

制作一个小型的堆肥罐是一项持续性的活动。孩子们可以观察植物材料在层次、颜色、尺寸和形状方面的变化。有没有长出霉菌？他们能发现任何以植物为食的小生物吗？当做好之后，这些混合物可以用作植物肥料或土壤改良剂。

适用年龄：三岁至十二岁

参与人数：一人或一人以上

需要准备的材料或工具：

- 一个大的塑料瓶；

第一部分 与孩子们一起做手工、玩游戏

- 祖父母和孩子们佩戴的园艺手套；
- 两杯花园土壤；
- 一个勺子；
- 两杯切得很碎的水果或蔬菜残渣；
- 一甜品勺的有机肥；
- 一杯切碎的干树叶；
- 一杯撕碎的报纸屑；
- 胶布。

做法：

- 将大塑料瓶的顶部剪掉；
- 戴上园艺手套，用勺子往瓶子里填充材料，首先是一层土壤，然后是水果和蔬菜碎；
- 在蔬果碎上覆盖一层土壤，然后撒一些肥料在上面；
- 继续加一层树叶和碎报纸；
- 在表面喷一些水；
- 把瓶子顶部装上去，并用胶带粘牢。

温馨小提示

- 给孩子们解释堆肥罐的价值。首先，它能省钱，如果没有它，我们就需要请人将垃圾运走；其次，堆肥能减轻垃圾填埋场的压力，而且能生产出花园用的天然肥料。

2. 蚯蚓房

对孩子们来说，建造蚯蚓房是一个极具吸引力的持续性活动。从花园里挖一些蚯蚓，然后观察蚯蚓翻土、使水和空气进入土壤。在蚯蚓房里观察蚯蚓能让孩子们学习到蚯蚓在自然世界里的重要作用。

适用年龄：五岁至十二岁

参与人数：不限

需要准备的材料或工具：

- 一个大玻璃广口瓶；
- 土壤；
- 沙子；
- 蔬菜碎或混合肥料；
- 三条至四条蚯蚓；
- 连裤袜；
- 橡皮筋；
- 黑色塑料袋或黑纸。

做法：

- 在广口瓶内装四分之三的土壤，然后加一层沙子，再加一层土；
- 在最上面一层放入蔬菜碎或植物混合物；
- 将蚯蚓放进容器内；
- 用连裤袜盖上瓶口，并用橡皮筋扎紧；
- 在瓶子四周贴上黑色塑料或黑纸来遮光；（蚯蚓不喜欢见光。）
- 在瓶子里喷一些水——蚯蚓需要湿润的环境，但不能湿透；

- 将瓶子放在凉爽的地方；
- 每周加一些水果残渣进去。

温馨小提示

- 当孩子们完成观察蚯蚓活动后，确保他们将蚯蚓放回原来抓到它们的地方。
- 把塑料水果盒子一个个堆叠起来，可以成功做出大型室外蚯蚓农场。
- 你也可以在市场上买现成的蚯蚓房。

3. 雨量计

一个简单的雨量计可以用来记录对比每天下雨量的变化。

适用年龄：五岁至十二岁

参与人数：一人或一人以上

需要准备的材料或工具：

- 一个方形的玻璃广口瓶；
- 一个塑料漏斗；
- 防水隔离胶布；
- 一把尺子；
- 一支防水的记号笔。

做法：

- 将漏斗放在广口瓶内，然后用防水胶布固定粘牢；由于漏斗有更大的接触面积，会比单独用广口瓶收集到更多的雨水；

- 用尺子测量，用防水记号笔在瓶子上做降雨量测量的标记；
- 孩子们可以记录下每天、每周或每个月的雨量，帮助他们在一张图表上录入所有信息。

捕梦网

把捕梦网悬挂在孩子们的卧室里，可以保证他们只做美梦。捕梦网可以捉到并赶走噩梦，只留下美梦。

适用年龄： 八岁至十二岁

参与人数： 一人或一人以上

需要准备的材料或工具：

- 一根柔韧灵活的大约50厘米长的枝条；
- 细导线；
- 绳子、毛线或电线；
- 珠子、羽毛和树叶。

做法：

- 将枝条的两端打结做成一个环，把导线绕过打结重叠的部分；
- 剪一段细绳；
- 将绳子的一头系在树枝环上；
- 穿一些珠子在绳子上，然后把绳子的另一头绕过树枝环；
- 重复以上操作，直到你在树枝圈内做出一个网状设计；
- 剪三段短一些的线，将它们系在树环的底部；

- 在每一条细线的底部穿一些珠子，系上羽毛和树叶；
- 在捕梦网的顶部做一个环套，方便悬挂。

温馨小提示

- 孩子们可以在和你一起外出时搜集一些羽毛和树叶，用来制作他们的捕梦网。

户外冒险活动

简介

冒险进入一个更加宽广的环境，进行一些户外活动，例如观察后院的鸟和昆虫等，会带给你一个全新的视野。为了能从这些活动体验中学习到更多内容，在踏出房门、踏入宽广的户外前，你和孩子们最好仔细做好计划。选择一些你喜欢的又不需要考验你的精力水平和身体状况的活动，例如，如果你的膝盖不灵便的话就避免攀岩；如果你不会划船的话就别去河里乘船。

联系你们当地的机构或图书馆，查询有哪些好玩的地方可以去。查看当地报纸，获得一些当地能吸引孩子们的赛事、会议、表演名单和信息。如果你的孙儿行动不便，那么在出发探险之前一定要确认好是否有相关设备可以使用。

在体验一项新的户外冒险挑战时，租用设备比购买更划算。其他可能有用的物品包括：

- 适合孩子们能力的双肩背包；

- 太阳帽；

- 防晒霜；

- 舒适的鞋和适用于各种天气的装备；

- 食物和水；

- 铅笔和笔记本；

- 手表；

- 相机。

周边地图

对孩子们来说，绘制一幅周边地图是熟悉当地环境的有趣方式。

适用年龄： 五岁至十二岁

参与人数： 一人或一人以上

需要准备的材料或工具：

- 一份你周围区域的街道地图；

- 白纸；

- 记号笔。

做法：

- 在地图上定你家的位置；

- 在纸上画出当地的街道；

- 画出你家的房子，加上一些熟悉的地标，如商店和街道；

- 按照你画的地图，和孩子们一起外出在附近走走，这样他们可以

发现一些可以添加在地图上的新的街道和地标。

温馨小提示

- 年龄较小的孩子可以在硬纸板上画一幅你家附近区域的大地图，然后他们可以在地图上驾驶他们的玩具汽车，或者让玩偶走过街道。
- 与孩子们一起乘坐公共交通工具——对任何年纪的孩子来说，这都是一次巨大的冒险。
- 查看网络上一些神奇的网站，有的网站能展示你所在区域的航拍图。

车库旧货交易

在你的家里与孩子们一起举办一场车库旧货交易活动。

适用年龄：八岁至十二岁

需要准备的材料或工具：

- 售卖的物品，例如旧玩具、旧书和装饰品；
- 硬纸板和白纸，用来做广告标识和海报；
- 标签纸和笔，用来标价格；
- 桌子或篮子，用来展示售卖物品；
- 现金盒和零钱。

做法：

- 仔细翻找你的橱柜、抽屉、衣柜和车库，筛选那些你不再需要的物品；你可能会找到一些衣服、亚麻制品、书籍、杂志、玩具和工具等，用来在旧货交易时售卖；
- 在每件物品上贴一个标签纸，然后写上预估的价格；
- 挑选一个车库旧货交易的日期和时间，在当地报纸和商店打广告，在街角的栏杆或邮筒上贴海报广告；
- 准备好在清晨时就开始售卖，旧货交易的顾客们总是到得很早；
- 在车库内或者房子前面，将你的商品摆放在桌子上展出；
- 协助孩子们收钱和找零。

温馨小提示
- 孩子们可以和你一起练习讨价还价的技巧，在售卖时可以以稍微少于标价的金额卖出。
- 车库旧货交易活动结束后，将没有卖出去的物品捐给慈善商店。

街头表演

对孩子们和他们的观众来说，街头表演是一种有趣的体验。许多有天赋的孩子很喜欢有机会上街头演出。

适用年龄：五岁至十二岁

参与人数：不限

需要准备的材料或工具：
- 挑选一个合适的地点和日期；
- 食物和水；

- 一把你坐的椅子；
- 一个装钱的容器。

做法：

- 咨询你们当地的机构，看是否需要根据相关规定申请一个街头表演许可证；还要在演出之前与街头的商店老板沟通好；
- 与一些街头表演者交流，确认哪些表演更吸引人；在周末，许多表演者会在固定地点演出；
- 制作引人注目的表演服或不寻常的道具；
- 给孩子预留一些排练的时间。

注意：当你的孙儿们是由你照看时，在他们进行街头表演时，你需要百分百用心地照看好他们。

温馨小提示

- 街头表演类型可以包括小丑表演、乐器演奏、魔术秀和"人体雕像"（指一个化了妆的小丑艺术家像雕像一样摆姿势而且一动不动）。

购物

如果你是一个购物爱好者，喜欢那些喧闹的购物中心，那么，带着年龄较大的孩子和你一起逛街吧。但是，你要注意：最好不要带着年幼的孩子去逛街。

适用年龄：三岁至十二岁

参与人数：不限

需要准备的材料或工具：

- 一小袋钱；
- 舒服的鞋子。

做法：

- 选择一个安静的逛街时间，例如，若选在了放学后则会拥挤不堪，无疑是最糟糕的时间段；
- 避免促销活动；
- 对于年龄大一些的孩子来说，五金器具、书籍和办公用品商店会是非常有趣的地方；
- 避免去玩具商店，除非你有无限的资金；
- 不要去需要到更衣室换衣服的服装商店；
- 当逛日用品店很无聊时，去逛逛宠物商店，或者停下来，去喝个儿童也能喝的早茶。

菜市场是一个充满乐趣的地方，可以和孩子们一起来逛。在菜市场，你可以买到一些新鲜水果、蔬菜和其他农民直接售卖的农产品。

孩子们会喜欢在车库旧货交易市场上淘一些二手的玩具、书籍、游戏和其他打折商品，他们可以用自己的零钱买下属于他们自己的东西。

与孩子们一起在超市购物也可以很好玩，而且能培养你们之间的协调合作关系——当然，也有可能会变成一次彻底的灾难。做好心理准备。对于年幼的孩子来说，超市是发脾气或者恶作剧的好地方，比如他们会藏起来，或者到处跑动；一个孩子的不配合行为会导致其他孩子的

不配合。一旦这些情况发生，立刻结束逛街并且尽快回家。超市购物的其他注意事项包括：

- 当你们外出购物时，给年幼的孩子们一些提供帮助的机会。你可以给他们分配一些特殊的任务，例如，让他们帮你找东西。比如："汤姆，你可以帮爷爷找个黄色的篮子吗？""印有B的小包在哪里？""玛利亚，你能拿到那个印有猫头像的小罐头吗？"

- 与孩子们一起准备一顿饭，或制定菜单。列出一个购物清单，每购买一项，就让孩子们帮忙从清单上划掉一项；

- 给年龄大一点的孩子一个计算器来计算价格，每往购物车里放一种商品就统计一次。

注意：对于年幼的孩子来说，超市和停车场是危险场所，要让他们一直待在你能看到的地方。

商店买卖游戏

对于年幼的孩子来说，商店买卖游戏是一种充满想象力的游戏活动。

适用年龄：三至五岁

参与人数：不限

需要准备的材料或工具：

- 一个计算器；

- 售卖的商品——回收已使用的包装纸并重新包好；

- 游戏货币——用金属箔包住硬纸板或磁盘，然后用记号笔或铅笔写上金额当钱使用；

- 一个购物袋。

做法：

- 在假想的商店里，祖父母和孩子们轮流扮演商店老板和顾客。

外出就餐

与孩子们一起外出吃饭会是十分愉悦的体验，无论是吃早餐、午餐、下午茶还是晚餐。

适用年龄： 三岁至十二岁

参与人数： 不限

需准备的物品：

- 健康的小零食，当晚餐推迟时，可以用来填肚子；
- 蜡笔、铅笔和平板，或者活动书，当孩子等待晚餐时会很有用；
- 一本到两本书；
- 随手可取的一次性湿纸巾，以防偶然事故。

对孩子们来说，了解餐厅举止礼仪是很重要的，享受美食体验，又不会被服务的礼仪吓到。对于大一些的孩子，可以带他们去一些场合与特殊宴会上，着装正式地享受晚餐的乐趣；对于年纪小一些的孩子，要选择一个活泼的、适合儿童的餐馆或咖啡店。其他注意事项包括：

- 查询你所选择就餐餐馆的营业时间，如有必要，提前预约，并准时到达。这样你可以在你的孙儿们感到疲累或耐心耗尽之前吃完并离开；

- 确认室外区域有无烟区以及就近是否有卫生间；
- 询问是否有适合年幼孩子的菜单，例如，能否拿一碗薯条和一杯苹果汁？
- 带一些能分散孩子注意力的东西，这样当你们等餐时，他们会安静地玩耍。

野餐

户外野餐可以很简单随意，就在你的花园或当地公园里享受一顿美食；也可以徒步到一个风景优美的野餐地点再享受。你可以做一个野餐食盒，或者让每个孩子把他们自己的食物和水背在双肩背包里。

适用年龄：三岁至十二岁

参与人数：不限

需要准备的材料或工具：

- 面包和奶油刀；
- 不同形状的小刀或切割器，例如，你可以把三明治切成动物形状；
- 一块案板；
- 打浆用的叉子；
- 一个小碗；
- 一个擦丝器；
- 切片面包、面包卷、平面包，用来往里填充食材的卷饼或口袋面包；
- 黄油或奶油；

- 选择填充的食材。

野餐是一种在用餐时消除压力和疲劳的极佳方式,但是野餐活动需要仔细计划。制作手指大小的三明治、派和蛋糕,让每个人都可以吃到。带着装有冰水的塑料瓶,使食物冷藏保鲜,还要打包一些水果和橘子汁。

绿色思维和拒绝垃圾,意味着使用手帕而不是一次性餐巾纸,也意味着随身带着你自己的食物盒、餐具,使用后带回家清洗,以便再次使用。

三明治是野餐和短途旅行的最佳选择。你可以一次性买齐原材料,给孩子们演示如何制作他们喜爱的三明治。首先,使用他们喜欢吃的食材,然后介绍不同的食物组合。如果是年龄大一些的、胃口好的孩子,可以制作双层甚至三层三明治。关于食材组合的建议包括:

- 蜂蜜和香蕉泥;
- 奶油干酪和葡萄干;
- 混合蛋黄酱和甜玉米的金枪鱼三明治;
- 切碎的白水蛋,原味的或者混合的蛋黄酱;
- 鸡肉和酸奶;
- 切片的意大利腊肠和西红柿;
- 切碎的火腿或鸡肉,混合菠萝块和蛋黄酱;
- 花生酱和苹果泥;
- 原味花生酱或加果酱的花生酱;
- 撒有干奶酪丝的蔬菜酱;

- 碎芹菜和胡萝卜丝，混合农家干酪和天然酸奶；
- 生菜、西红柿和其他沙拉原料。

温馨小提示

- 别忘了带上一块防水的野餐布。
- 如果担心泥土和蚂蚁，那么，带上轻便的桌椅也是一种舒适的选择。

骑行

骑行是一种能与孩子们一起分享的健康的娱乐方式。如果你已经很久没有骑过自行车了，那么，在与孩子们一起出发骑行之前，先做一些练习。当你与孩子们一起骑行时，不管他们骑的是两轮车还是三轮的单车，确保他们懂得关于安全骑行的责任和义务。

适用年龄： 五岁至十二岁

参与人数： 不限

需要准备的材料或工具：

- 单车；
- 头盔、防晒霜和适用于各种天气的装备；
- 水壶。

在计划一次骑行旅行时，选择一条合适的有自行车道的路线。时刻注意你已经骑了多远，别忘了将返程距离也计算在内。记得带上饮用水和零食，涂上防晒霜，并穿上户外防风衣。

单车本身并不危险，危险的是不能控制单车以及不遵守简单的交通规则，这会导致事故和伤害的发生。其他安全注意事项包括：

- 永远戴着头盔；
- 熟悉当前的道路安全规则；
- 检查刹车是否可用；
- 在自行车道或安静的街道骑行；
- 当骑到马路上时，时刻注意儿童的状况——即便是安静的道路；
- 在道路正确的一边骑行；
- 注意行人、其他单车和正在靠近的汽车；
- 在转弯之前使用手语打出你的方向；
- 当不使用手语时，确保两只手都握在车把上，脚始终要踩在踏板上；
- 穿着鲜艳颜色的衣服，这样机动车驾驶员和行人可以很容易发现你；
- 保持警觉，注意动物、标志、沟渠，地面上的尖角、凸块和坑洞以及光滑或不稳定的路面。

头盔：

头盔是骑行时最重要的装备。所有的骑行者，不管年龄大小，无论何时骑行，都必须佩戴标准的通过国家安全审核的骑行头盔。

- 为孩子们挑选一顶大小合适且舒适的头盔；
- 一顶不合适的头盔无法提供恰当的保护；头盔不能前后移动，也不能往前遮住眼睛；

- 头盔应该通风良好，而且对孩子们来说不能过于沉重。

温馨小提示
- 在给孩子们买一辆单车之前，一定要先征求孩子父母的意见。

关爱地球

孩子们可以通过使用"反思、减少、再使用和回收"这四项原则来学习如何关爱地球。尝试以下保护地球的主意：

- 只要情况允许，就选择步行、骑行和乘坐公共交通工具来节约能源、减少污染排放；
- 节约能源；当不使用电器时，及时关灯，关掉墙上的空调、电视和电脑开关；
- 多穿一件保暖的衣服，来取代开空调制热；
- 穿凉爽、轻薄的衣服，来取代开空调制冷；
- 智慧用水；告诉孩子们，水是我们最珍贵的资源；鼓励他们迅速洗澡以节约水，绝对不让龙头的水长流；
- 回收罐子、废纸和瓶子；
- 购买用回收材料包装的产品（甚至购买回收材料制成的产品）；
- 避免购买过度包装的产品；
- 回收衣物、旧玩具、书籍、游戏，送给其他人或者慈善商店；
- 不乱扔垃圾；
- 在纸张的双面写字，用回收纸制作涂鸦板。

清洁日

鼓励孩子们关爱环境，将他们召集起来和你一起清洁你们的街区、当地公园和共同区域。

适用年龄： 五岁至十二岁

参与人数： 不限

需要准备的材料或工具：

- 给孩子们穿的旧衣服；
- 结实的手套；
- 收集垃圾的袋子；
- 食物钳子。

做法：

- 选择一块需要清理的区域；
- 穿上旧衣服，戴上手套，孩子们可以用食物钳子来捡起垃圾并装进袋子。

温馨小提示

- 你也可以加入一些保护、支持和保存当地环境的社区活动团体。召集孩子们和他们的家人一起参加像当地清洁日之类的活动。
- 孩子们可以参加一些旨在让人们关注濒危灭绝的动植物的比赛，或者诸如"领养一条当地小溪"等活动。

短途旅行

短途旅行有利于培养孩子们的兴趣爱好。例如，你可以观看一次芭蕾舞表演或空中飞行秀，看一场赛马、一场木偶戏或魔术表演，或者参观一场老式汽车展览。你也可以将你特别喜欢的娱乐消遣介绍给孩子们，例如，去看电影、听歌剧、听音乐会，或者参观你喜欢去的美术馆。

如果你喜欢现场戏剧表演，可以将这种令人兴奋的经历分享给孩子们，无论是一场舞台表演、芭蕾舞、歌剧还是流行音乐会。孩子在五六岁时已经能够观看一场现场表演了。留心在剧院、商场和当地儿童中心的各种本地演出。

当第一次带孩子去看现场表演时，选择一场专门给小孩子看的表演。在观看之前，告诉他们一些故事情节或者表演内容，并解释一下观看现场表演的礼仪。例如，在表演时不能讲话聊天，因为演员们正在为观众带来一场独特的演出。

电影院有着宽大的屏幕和密集的座椅，能够提供一种与家庭影院完全不同的体验。同样，你可能需要提前解释一下，我们不能在放映影片的期间聊天。你需要时刻注意影片排片的更新，在挑选一部适合孩子们看的电影时研究一下电影评论。在影片播放完之后，留一些时间和孩子们讨论一下电影。

参观一场由某一位独立画家举办的小型展览是一种带领孩子们享受视觉艺术乐趣的不错方式。许多美术馆会在假期里举办工作坊或美术活动。你可以这样利用这些活动：

- 找到一些与儿童有关的画作、演出或物品；
- 让孩子们挑选出他们最喜欢的艺术作品，讨论你们都喜欢的部分——他们能自己重新给作品起名吗？
- 讨论绘画作品中表现的人物：你觉得画中人在想什么呢？
- 用画中的物品玩"我是小间谍"的游戏。

大部分的孩子会把主题公园、动物园或动物庇护所列在他们最喜欢的出行清单上。其中的一些景点会有专为孩子设计的特殊玩乐区或假期项目。充分利用其中的野餐区、庇护所和烧烤设备，也别忘了找出给动物喂食的时间。

大部分的博物馆会有专门的儿童展区和动手活动。查明时间、门票价格以及抵达路线，以保证旅行毫无麻烦。

生活博物馆和国家托管的历史古镇和建筑能让孩子们体验并想象回到古代的生活。许多历史建筑有适合儿童的展览和活动。

温馨小提示

- 别忘了有一些便宜的旅行选择，例如野餐、徒步和探索当地公园和花园等。
- 在出游时背上零食、三明治和饮料，这样随时可以来一次即席野餐。
- 对于老人和小孩来说，排长队都是容易让人感到疲累的，因此，提前订票能减少参加活动或演出时的麻烦。
- 注意选择你们的座位，要让孩子们也能看到表演；当你需要中途

快速离开时，靠近通道的椅子是不错的选择。
- 把外套折叠或带上可充气的垫子，这样能够让年幼的孩子坐高一些，视野更宽广。
- 在表演间隔，吃点小吃、喝点水，能消磨过长的等待时间。你也可以在表演间隙去洗手间。

爆米花

在出游时，爆米花是孩子们爱吃的方便携带的最佳零食。

适用年龄：五岁至十二岁

参与人数：不限

需要准备的材料或工具：

- 量杯或量勺；
- 一个大的深平底锅，锅盖紧密；
- 一个大碗；
- 筛子。

食材：

- 两大勺油；
- 半杯生爆米花；
- 盐或糖霜。

做法：

- 将油和生爆米花放入大的深平底锅中，盖紧锅盖；
- 放在火炉上，大火加热；

- 晃动平底锅，使爆米花均匀地沾满油；
- 当油足够热时，玉米会开始炸开花，等炸好之后会停下来；
- 将炸好的爆米花倒入大碗中，你可以吃原味的，也可以加盐，还可以用筛子撒一些糖霜；
- 存放在密封容器内或者单独的纸袋内。

温馨小提示
- 始终将锅盖盖在平底锅上，否则爆米花会炸得满厨房都是。
- 将所有原味的、没吃的做好的爆米花存放在密封容器内。

观看球赛

祖父母们经常帮助接送孩子们去参加团体运动，也经常收到观看他们的孙儿们比赛的邀请。那么反过来，孩子们也会乐于陪你一起去看球，支持你喜欢的球队。

重要的是祖父母们应该做好最佳观众行为模范——不管你是在观看孩子们的运动比赛，还是在和孩子们一起分享你最喜欢的精彩赛事。无论何时都应该尊重：
- 公平竞争
- 游戏规则
- 裁判意见

温馨小提示
- 无论孩子们是赢了、输了或者打成平手，都应该向他们表示祝贺。

- 无论天热还是天冷，都带上一个便携式椅子或工具、一块防水的野餐布和一把伞。
- 带本读物或其他可玩的东西，以免比赛时间漫长而无趣，例如，当孩子们在打区域赛时。
- 确保用保温瓶带了茶或咖啡以及一份小吃。

团队旗

团队颜色的旗帜做起来很容易，孩子们可以带着它去参加赛事，并为他们的团队加油欢呼。

适用年龄：五岁至十二岁

参与人数：一人或一人以上

需要准备的材料或工具：

- 绉纱纸（符合所支持的团队的颜色）；
- 剪刀；
- 强力胶水和胶带；
- 一把尺子或者一根木棍，用来做旗子的手柄。

做法：

- 剪下合适长度的绉纱纸；
- 选择团队颜色的纸条，然后用胶水将它们粘贴在尺子或木棍的一端；
- 将彩条围着手柄紧紧缠绕，然后松开；
- 向孩子们演示如何挥舞彩旗为他们的队伍加油。

探险

探索"野外"区域是一种充满乐趣的活动,能让孩子们享受户外体验。选择一个适合孩子年龄的公园作为探险地,是一个不错的主意。

有游乐场的当地公园是不错的场地,年幼的孩子们可以耗尽他们的精力。有湖泊或池塘的公园会让他们更加激动,可以喂鸟,并近距离研究动物。有徒步道和自行车道的公园也是理想的地方,适合骑行和小型徒步活动。对年幼的孩子们来说,到当地公园玩就是足够兴奋的经历了,不过,对年龄大一些的孩子来说,公园可能就没什么特别了。他们可能更喜欢沿着未开发修建的小路展开探险,树林和灌木丛密集的地方能让他们的探索变得更加有趣。

国家公园为孩子们提供了一系列的探索机会,例如林间徒步、野餐、露营、划独木舟和野生动物观察等活动。

在你去公园之前,核查一下有哪些设备。大部分的国家公园提供天气突变时的庇护所,有户外烹饪设备的公园则提供了另一种不同于家庭烹饪的挑战和乐趣。

温馨小提示

- 当你和孩子们到远离水源的地方探险时,记得携带单独的瓶装水。

1. 树皮和树叶拓片

对孩子们来说,到公园内徒步,并制作树皮和树叶拓片,是一种发

现不同树种的有趣方式。

适用年龄：五岁至十二岁

参与人数：不限

需要准备的材料或工具：

- 硬纸条；
- 胶带；
- 蜡笔或粉笔。

做法：

- 制作一份树皮拓片，首先要选择一棵树皮形状有趣的树，将一片纸贴在树干上；
- 用均衡的笔触在纸上摩擦蜡笔，确保纸张平整地压在树干上，这样就不会撕碎或移动；
- 用不同颜色的蜡笔制作不同的树皮拓片；
- 制作一份叶子拓片，将纸张覆盖在叶子的脉络突出的一面；
- 保持纸张不动，将你能感觉到树叶的部分都拓下来。

温馨小提示

- 当树干干燥时，做树皮拓片的效果最好。
- 孩子们可以把收集到的树皮和树叶拓片粘贴在剪贴簿上，然后每个加上标签，写上姓名、时间和地点，做成一本册子。
- 协助孩子们确认这些树和植物的种类，可以从图书馆借书，也可以研究网上的主题。

2. 自然编织

当孩子们进行户外活动的时候,可以让他们搜集一些自然材料用来编织。这项活动能够增加孩子们对不同的大自然材质的认知。

适用年龄: 八岁至十二岁

参与人数: 不限

需要准备的材料或工具:

- 羊毛线;
- 剪刀;
- 两根大约60厘米长的编织棒;
- 尺子;
- 胶带;
- 草叶、树皮、豆荚、羽毛、细枝等其他适合用来编织的大自然搜集品;
- 自然染色的毛线线头。

做法:

- 将羊毛线剪成40厘米的长度;
- 将每一股毛线的两头分别绑在两根编织棒上,形成编织的框架;每一股毛线之间的距离控制在3厘米左右(用尺子测量);
- 在每根编织棒粘上一条胶带用来固定毛线的位置,以免编织时毛线跑位;
- 把一股毛线分别系在一根编织棒的两端,然后挂在合适的物件(例如:门把手或挂钩)上来进行编织;

- 运用从大自然搜集的材料在这些垂直的毛线之间开始编织，尝试编织一些有趣的图案。

温馨小提示

编织作品中不要留出很大的空隙，这样的作品看起来会更棒。

3. 斯克罗金糖果

斯克罗金糖果是一种传统的高热量食品，通常被徒步者用于补充体力。在一起出门探险之前，孩子们可以帮助祖父母一起制作和包装斯克罗金糖果。

适用年龄：五岁至十二岁

参与人数：不限

需要准备的材料或工具：

- 量杯和量勺；
- 一个碗；
- 一把剪刀；
- 一把小刀；
- 一块案板；
- 大型密封盒。

食材：

- 两勺葵花子；
- 二分之一勺葡萄干；
- 十二个风干的无花果或杏子，每个切成四块；

- 二分之一勺花生；
- 二分之一勺杏仁；
- 100克巧克力块或巧克力豆。

做法：

- 在碗中放入葵花子和干果，搅拌均匀，随后加入坚果和巧克力；
- 将搅拌好的食材放入密封盒中，剧烈地摇晃。

温馨小提示

斯克罗金糖果的保质期不是很长，因为坚果很容易变软。

野生生物观察

与孩子们一起去野外观察野生生物是一项很简单的活动，去公园喂野鸭也在选项之列。年龄大一些的孩子可以记录下他们在大自然中所观察到的野外生命。

适用年龄： 三岁至十二岁

参与人数： 不限

需要准备的材料或工具：

- 太阳帽；
- 防晒霜；
- 耐磨的鞋子和有防护功能的衣服；
- 背包；
- 食物和饮料；

- 记事本和铅笔；
- 手表；
- 镊子、放大镜和塑料容器（容器的盖子需有透气孔）——这些工具主要用于搜集和观察植物和微小动物；
- 双筒望远镜——用于观察鸟类。

为了保护野生环境，你们需要牢牢遵循以下几点：

- 明确告知孩子们野外探险者要遵守的准则，那就是观察、探索、享受、保护野生生物及其生活习惯；
- 野外徒步的时候要小心探路，注意脚下；尊重野外的每一个小生命，留神别毁坏了它们的家园；
- 避免徒手触摸生物；不要将手指插入任何孔洞中或你看不清的地方；若你发现了一只小型生物，并且你不确定会发生什么，这个时候最好的策略是远离这只生物；
- 不要侵犯鸟类的巢穴，稍微的触碰都有可能导致鸟妈妈放弃整个巢穴。

1. 大自然写生日志

孩子们可以用大自然写生日志来记录下他们在大自然中所观察到的种种。日志内容可以包括手绘草图、他们观察植物和动物的日期和时间。

适用年龄：五岁至十二岁

参与人数：不限

需要准备的材料或工具：

- 墨水笔和铅笔；
- 小画板。

做法：

当孩子们观察研究大自然的"访客"在白天和晚上留下的足迹和痕迹时，他们就变身成为大自然的侦探。

白天时，让孩子们去花园、街道和公园中去写生。一些"访客"留下的痕迹十分明显，比如蜗牛走过留下的黏液线，小狗在泥土中留下的脚印等。参考书本或网络，去找寻一些不同寻常的痕迹。大自然其他可以观察的地方有：

- 树皮下、石头下和腐烂的枯叶下；
- 草面和树叶上；
- 石头裂缝和空隙中；
- 水中；
- 树上；
- 空气中的飞行生物；
- 地面上。

夜晚时，带上手电筒，与孩子们进行一段刺激的野外探索。他们可以利用手电筒来寻找负鼠、猫头鹰、蜘蛛、飞蛾以及其他在夜晚出来觅食的动物。夜幕刚降临时是观察鸟类的最好时机。

孩子们会很愿意知道他们所见到的动植物的名称。利用网络来查询这些信息，或去当地的图书馆查询确定这些生物的名称。或者你也可以

买一些关于当地情况的参考资料。

2. 观察昆虫

对于所有年纪的孩子来说，到户外观察昆虫都是很有趣的一项活动。大自然总是有着各种各样的观察不完的昆虫。鼓励孩子们去找寻被昆虫咬过的树叶，去数瓢虫背上的点点，去倾听各种昆虫的声音并拿起画笔画下它们的身影。

适用年龄：三岁至十二岁

参与人数：不限

需要准备的材料或工具：

- 放大镜。

建议观察：

- 昆虫卵；
- 茧子和毛毛虫；
- 蝴蝶和飞蛾；
- 蚂蚁和蜜蜂；
- 蛞蝓和蜗牛；
- 苍蝇、蚜虫、瓢虫、草蜢、蟑螂、甲壳虫、蜈蚣和千足虫、臭虫、蜻蜓和豆娘。

温馨小提示

花园中一平方米的区域内大约有500只至2000只昆虫。

3. 昆虫捕捉器

用最普通的饮料吸管能够做出一个简易的昆虫捕捉器，孩子们利用这个捕捉器能够轻易地捕获昆虫。这种昆虫捕捉器也叫作吸虫管。

适用年龄：五岁至十二岁

参与人数：不限

需要准备的材料或工具：

- 一只丝袜或女士连裤袜；
- 剪成两段的饮料吸管，并且剪开吸管的一端；
- 胶带；
- 一个有盖的玻璃罐子。

做法：

- 将丝袜覆盖在吸管剪开的一端；
- 将另一段吸管隔着丝袜插入另一段吸管中；
- 将两段吸管的连接处用胶带固定。

吸虫管的使用方法：

- 将吸虫管的一端对准一只小昆虫；用嘴轻轻地吸吸管的另一端；

  两段吸管中间的丝袜能够防止孩子们将昆虫吸入口中误食；

- 当昆虫被吸入吸管后，迅速地将吸虫管倒置并尽快放入有盖的玻璃罐中，以便观察；
- 孩子们研究完昆虫后，记得提醒他们将昆虫放生。

注意：一定要提醒孩子们不要触碰蝎子、蜘蛛、蜜蜂、马蜂、蜈蚣或大型蚂蚁。若被这些昆虫咬伤或蜇伤，孩子们有可能会中毒。

温馨小提示

教会孩子们尊重野生生物，研究完后一定将昆虫放回原来的位置，这很重要。

4. 昆虫搜集袋

当孩子们进行野外探险活动时，昆虫搜集袋是易于孩子们携带的一种便携式道具。

适用年龄：五岁至十二岁

参与人数：不限

需要准备的材料或工具：

- 一个钢丝衣架；
- 一个塑料袋；
- 胶带；
- 一个塑料盒或罐子，需有带气孔的盖子。

做法：

- 将钢丝衣架弯曲成一个钢丝圈，大小和塑料袋的袋口相当；
- 将塑料袋粘到钢丝圈上，并将衣架的挂钩处掰成一个手柄；

- 将这个昆虫搜集袋拿到野外,用较长的草叶轻轻地扫过它或在灌木丛中轻轻拍打它以获得上面的昆虫;

- 将孩子们想观察的任何昆虫放入塑料盒或罐子中;

- 仅仅留一只昆虫用于长期观察、绘画、写生和拍照;

- 提醒孩子们在观察完后将昆虫放回原处。

5. 毛毛虫变形记

对于孩子们来说,观察一只毛毛虫破茧成蝶的过程是十分令人着迷的。

适用年龄:五岁至十二岁

参与人数:不限

需要准备的材料或工具:

- 厨房纸巾;

- 大型塑料容器或广口罐子;

- 一块棉布,用来覆盖容器口或罐口;

- 一根橡皮筋或封口胶带。

做法:

- 将厨房纸巾弄湿,垫在容器或罐子的底部;

- 到自家花园或公园中去抓一只毛毛虫;

- 毛毛虫生活环境周围的一些材料也需要搜集,包括树枝、树叶和一些其他的植物原料;

- 利用树枝或树叶小心地将毛毛虫放入容器或罐子中,同时放入孩

子们搜集的一些植物原料；毛毛虫被安全放入容器或罐子中后，不要再触碰它；

- 用棉布盖住容器或罐子的入口，然后用橡皮筋或胶带将棉布固定住；
- 定期更新容器或罐中的植物原料，植物原料必须来源于毛毛虫原来在花园中所处的位置；
- 将容器或罐子放在一个不受打扰的位置，并确保容器或罐内的温度不变；
- 当毛毛虫变成茧子后，认真观察；运气够好的话，孩子们能够看到茧子裂开，一只蝴蝶或飞蛾从中飞出；
- 毛毛虫破茧成蝶后，立即将蝴蝶或飞蛾放生，因为蝴蝶或飞蛾的寿命很短暂，它们需要飞翔和自由。

池塘探险

与孩子们一起去池塘探险是一项非常棒的活动，虽然你们可能会被弄湿。孩子们可以自制一个小网或水池勺来捕捉水生昆虫。水池勺的制作方法很简单，用绳子或线将一个厨房用的滤器固定在一根杆子上即可。做好水池勺后，你们就可以去池塘探险。

适用年龄：五岁至十二岁

参与人数：一人或一人以上

需要准备的材料或工具：

- 一套备用衣服和防水靴；
- 一个小网或水池勺；

- 一个塑料托盘；
- 一个显微镜或放大镜。

做法：

- 将捕网或水池勺放入水草丛中，并轻轻晃动以捕捉水生昆虫；
- 在塑料托盘中放入一些水，然后将捕捉到的水生昆虫放入托盘观察；
- 观察研究完毕后，让孩子们把捉到的水生昆虫放回池塘。

温馨小提示

若孩子们能够经常去池塘玩耍，可以建议孩子们观察青蛙的生命轨迹——从青蛙卵到小蝌蚪再到青蛙。

"池塘里的青蛙"

"池塘里的青蛙"是一道甜点的名称，比较适合低龄儿童制作和享用。

适用年龄： 五岁至十二岁

参与人数： 不限

需要准备的材料或工具：

- 两个碗；
- 一个勺子；
- 一包绿色的果冻；
- 青蛙形状的巧克力块。

做法：

- 根据果冻包装上的说明，在其中的一个碗中制作出绿色的果冻；
- 等待果冻自然冷却；

- 将青蛙形状的巧克力放在另一个碗中；
- 将冷却的果冻倒在"青蛙"身上；
- 将装有"青蛙"和果冻的碗放入冰箱冷冻。

温馨小提示

孩子们也可以使用更多的小碗来制作这道甜品，每个小碗中都放一只"青蛙"。

观察鸟类

观察鸟类时必须保持安静，学会倾听，所以对于年纪较小、坐不住的孩子来说，这项活动可能比较难完成。而对于年龄大一些的孩子，这项野外活动很有可能变成他们之后人生中的一个终身爱好。

适用年龄：五岁至十二岁

参与人数：不限

需要准备的材料或工具：

- 背包；
- 防护衣；
- 笔记本和墨水笔；
- 食物和饮料；
- 双筒望远镜；
- 一本鸟类野外工作手册。

做法：

- 在自家花园、公园或其他区域观察鸟类；
- 穿上防护衣，在背包中装入双筒望远镜、食物和饮料、笔记本和笔；
- 找到一个安静的场地，静静地观察鸟类；
- 在笔记本中画出你所观察的鸟类的草图；
- 记录下你观察鸟类的时间、地点和日期以及当时被观察的鸟类正在做什么。

温馨小提示

- 与早起的孩子一起去观察清晨中的鸟类十分有趣，可以带着早餐同鸟儿们一起用餐。
- 通过观察常见鸟类（比如麻雀、欧椋鸟、海鸥、鸽子等）的行为方式能够逐步地引导孩子们爱上观察鸟类这个活动。
- 年龄大一些的孩子可以带着鸟类野外工作手册来辨别和确认他们所观察到的鸟类的名字。

1. 野鸟喂食器

与孩子们一起制作一个野鸟喂食器，然后将它挂在窗户外边。

适用年龄： 三岁至十二岁

参与人数： 不限

需要准备的材料或工具：

- 空的牛奶盒或果汁盒，将盒子开口处订上；

- 剪刀；
- 绳子。

做法：

- 如下图所示，剪下盒子的一部分；
- 在盒子的顶部打两个孔，将一根绳子的两端分别穿过两个孔并打结固定；
- 在盒子里面放上适合附近鸟类食用的食物，然后将这个喂食器挂到窗户外；
- 不要将喂食器放在猫能够到的位置，因为猫可能会在鸟儿进食时进行袭击。可以将喂食器挂在窗外较高的树枝上，或在墙上钉一个钉子，将喂食器挂在墙上。

2. 小鸟戏水池

适用年龄： 三岁至十二岁

参与人数： 一人或一人以上

需要准备的材料或工具：

- 一个旧的塑料碗。

将塑料碗中装满水，然后将碗放在室外（注意不能放在猫够得着的地方）。鸟儿会喝碗中的水并在碗边嬉戏。

温馨小提示

野鸟喂食器和小鸟戏水池能够吸引来鸟儿，孩子们能够借此机会观察鸟类。

3. 自制望远镜

对孩子们来说，自制望远镜的过程十分有趣，但自制的望远镜肯定没有与真正的望远镜一样的功能。

适用年龄：三岁至八岁

参与人数：不限

需要准备的材料或工具：

- 两个长度一致的卷筒芯；
- 颜料和颜料刷；
- 胶水；
- 绳子；
- 一把剪刀；
- 胶带。

做法：

- 给卷筒芯刷上颜料，自然风干；
- 将两个卷筒芯用胶水并排粘在一起；
- 将绳子的两端系在卷筒芯上，用胶带固定，这样望远镜就可以挂在孩子们的脖子上了；

- 用望远镜观察鸟儿，成为一个鸟类侦探——喙上有小草或稻草的小鸟可能在筑巢，叼着蜗牛、虫子或蜻蜓的则是归巢途中的鸟妈妈；

- 祖父母可以教孩子们把树木想象成为一个钟面，然后告诉孩子们鸟儿在几点钟的方向，例如：在三点钟的位置有一只秃鹫。

4. 薄煎饼

薄煎饼是很受孩子们喜爱的一种食物，也十分适合作为孩子们早起观察鸟类时的早餐。吃剩的薄煎饼可以放在冰箱里保鲜，吃之前在烤箱中加热即可，十分方便。

适用年龄：三岁至十二岁

参与人数：不限

需要准备的材料或工具：

- 量杯和量勺；
- 一个筛子或滤网；
- 一个中等大小的搅拌钵；
- 一个木勺或搅拌器；
- 一个陶罐；
- 一个直径20厘米的平底不粘锅；
- 一个蛋清分离器；
- 一个盘子；
- 一个烤盘。

食材：

- 一杯中筋面粉；
- 四分之一勺盐；
- 一个鸡蛋；
- 一又四分之一杯牛奶；
- 两勺油（煎锅不是不粘锅的情况下需要）；
- 柠檬汁；
- 糖。

做法：

- 将面粉筛一遍，然后加盐，放入搅拌钵中搅拌混合；
- 在面粉中加入鸡蛋，然后缓慢地倒入牛奶，用搅拌器搅拌至完全融合，将混合物倒入陶罐中；
- 煎锅加热，若使用的不是不粘锅，往锅里倒点儿油；
- 倒一半的面糊至热锅中；
- 迅速地将平底锅向各个方向倾斜一次，直到锅底形成一层薄薄的面糊，煎一分钟左右，或煎至面糊表面出现破裂的气泡；
- 小心地将煎饼翻面，或者轻轻晃动煎锅，将煎饼倾斜滑至煎锅的一侧，双手抓牢煎锅的手柄将煎饼上抛，煎饼在空中翻个面后用煎锅接住煎饼，继续煎另一面；
- 另一面煎一分钟左右即可，此时的煎饼两面都应当呈现焦黄色；
- 将煎饼倒入一个干燥的盘子中；
- 在煎饼的表面洒上一些柠檬汁和糖，然后将煎饼卷起来；

- 煎饼做好后应当立即吃，吃剩的煎饼应当放入冰箱，下回吃的时候取出放在托盘上用烤箱加热后再食用；
- 将剩下的面糊全部煎完。好好享用。

温馨小提示

其他食用煎饼的建议有：

- 摊开的煎饼上可以放一些水果和酸奶或加入冰激凌。
- 可以在煎饼的表面刷上黄油、果酱或蜂蜜。
- 将煮熟的菠菜和奶酪粉混合，放在煎饼的正中心，将煎饼卷起，在顶部加一些奶酪粉，随后放入烤箱加热即可。

5. 法国吐司

对于早起看鸟的孩子们来说，法国吐司也是一道快捷的美味早餐。

适用年龄：三岁至十二岁

参与人数：不限

需要准备的材料或工具：

- 一个浅盘子；
- 量杯和量勺；
- 一把叉子或一个搅拌器；
- 一把小刀；
- 一个平底煎锅；
- 一个盘子；
- 锡箔纸。

食材：

- 一个鸡蛋；
- 二分之一杯牛奶；
- 二分之一勺香草香精或香草汁；
- 两片厚厚的隔夜吐司面包；
- 30克黄油；
- 肉桂和糖（也可使用枫糖）；

做法：

- 将鸡蛋打入浅盘子中；
- 在盘中倒入牛奶和香草香精；
- 用叉子或搅拌器搅拌混合；
- 将吐司面包切成三角形；
- 把一半的黄油放入煎锅中化开；
- 当黄油开始出现气泡时，将面包切片浸在浅盘的蛋液混合物中，将切片拿起，多余的蛋液滴完后，将切片放入平底锅中（动作要快！）；
- 将面包切片煎至两面金黄即可；
- 将煎好的面包切片放在干燥的盘子中，然后用锡箔纸盖上；
- 在煎锅中加入黄油，继续煎剩下的面包切片；
- 吃的时候，可以适当地撒上一些肉桂和糖，或刷上一些枫糖。

温馨小提示

吃土豆或培根的时候，可以将法国吐司作为一道开胃菜，孩子们会很享受这样的美食。

露营

许多祖父母富有露营经验，并且很喜欢和孩子们一起露营。然而，与孩子们一起露营可是需要做好计划的。祖父母需要认真地挑选露营地点，并做好一系列的清单（包括帐篷、装备、衣物、必需品、厨具以及各种需要携带的零星小物）。

适用年龄：五岁至十二岁

参与人数：不限

需要准备的材料或工具：

- 帐篷和帐篷杆；
- 装备——床垫、睡袋、桌子和椅子、炉子和炊具、清洁用品；
- 生活必需品——毛巾、可生物降解的肥皂等；
- 食物；
- 医用箱、下雨时可在帐篷内玩的游戏等；
- 衣物（分别给祖父母自己和孩子们列出衣物清单）。

当祖父母和孩子们一起造访大自然时，祖父母有责任教会孩子爱护大自然的环境，确保离开之时能将周围环境恢复原貌，不要忘了：

- 带走所有的垃圾；
- 尽量确保离开时营地和你来之前一样，你们造访的痕迹只有搭帐篷时一些被压平的草地；
- 谨防引起森林火灾；若你在营地上生了篝火，篝火灭后记得将石头放回原处，将木灰和剩余的柴火分散开；

- 确保不要污染湖泊、河流和小溪；只使用可生物降解的肥皂，绝不使用化学洗涤剂；
- 人类的排泄物应当被掩埋在远离营地、水源和道路的地方；如厕用纸用过即焚；
- 不要带着宠物去露营；
- 在灌木丛中步行时不要忘了做标记。

1. 实用绳结

露营的时候，会一些打结的基本方法是十分重要的。你可以教孩子们一些基本的打结方法，将这一实用的技术传承下去。年龄大一些的孩子可以一遍遍地练习打结方法，这样当他们露营的时候，即使在黑夜里，他们也能打结。

适用年龄：八岁至十二岁

参与人数：不限

需要准备的材料或工具：

- 一根绳子。

尝试以下绳结：

- 老奶奶结：这是一个非常常见的绳结，孩子们以后可能会经常用到它，虽然这种绳结不够结实；
- 平结：平结可用来连接两根同样粗细的绳索；
- 双半结：把绳子系在柱子或杆子上进行快速打结；

- 缩结：在不剪断绳子的情况下，缩结能够快速地缩短绳子的长度，当帐篷的拉绳过长时，这种绳结能够发挥很大的作用。

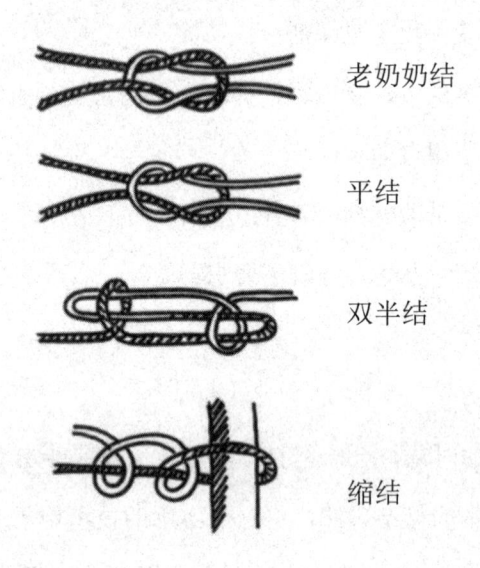

老奶奶结

平结

双半结

缩结

2. 营地野炊

在外出野炊之前，先在家中尝试练习做一些营地食物。

适用年龄：五岁至十二岁

参与人数：不限

需要准备的材料或工具：

野营炊具箱。市场上可以买到各种各样的野营炊具箱，在野营之前，你要学会如何使用炊具箱。

野炊活动小提示：

- 与孩子们一起规划好露营期间每一天的饮食；在出发前往营地之前，认真买好所有的食材；需注意的是，孩子们在露营期间的食量有可能是平时的两倍，所以购买食材时要注意量的把握；
- 检查野外用火的规章制度；在很多露营地，篝火是被禁止的，尤其在某些季节严禁用火；
- 确保你的食材在合适的容器中保存好，以免蚂蚁或其他小型生物侵犯你的食材；
- 需注意饮用水的安全；烧开的河水才可用于饮用和煮饭；
- 进行野外烧烤或营地生着篝火时，严密监督孩子们的活动；
- 做饭的时候小心液体燃料、烫手的盘子和溅出的油脂。

3. 巧克力香蕉

把香蕉和巧克力块混合，然后用锡箔纸包裹烹饪，能够制作出一道美味的露营食物。

适用年龄：三岁至十二岁

参与人数：不限

需要准备的材料或工具：

- 一把小刀；
- 锡箔纸。

食材：

- 一人一根香蕉；
- 一大块巧克力，切成小块。

做法：

- 小心地将香蕉剥皮，香蕉皮留着不扔；

- 将香蕉切成薄片，同小巧克力块混合；
- 用锡箔纸紧紧地包裹住香蕉和巧克力块；
- 可利用营火的木炭进行烧烤，也可放到烤箱中烤10分钟。

4. 烤棉花糖

将棉花糖串在木棍或烧烤叉上进行烘烤总是深受孩子们的欢迎。

适用年龄：三岁至十二岁

参与人数：不限

需要准备的材料或工具：

- 烧烤叉或长棍子。

食材：

- 棉花糖。

做法：

- 将棉花糖串在烧烤叉或木棍上；
- 将棉花糖放到木炭边上烘烤1分钟至2分钟，直到棉花糖冒烟并且变成棕色；
- 吃烤棉花糖的时候小心一些，注意别烫到嘴。

5. 水果甜点

将水果用锡箔纸包裹后进行烘烤可以制作出一道美味的甜品。

适用年龄：三岁至十二岁

参与人数：不限

需要准备的材料或工具：

- 一个蔬菜削皮器；

- 一把小刀；

- 锡箔纸；

- 一把汤匙；

- 若干个碗。

食材：

- 某种水果（比如香蕉、苹果或梨子），数量为一人一个；

- 黄油；

- 蜂蜜；

- 香草味冰激凌或酸奶（非必需）。

做法：

- 将水果削皮，大致切成几块；

- 将水果、黄油以及蜂蜜放到一张锡箔纸上；

- 用锡箔纸将水果包裹起来；

- 用烧烤架对水果进行烧烤，或用营火的木炭烘烤几分钟；

- 小心地打开锡箔纸包装；

- 将水果倒入碗中，加入冰激凌或酸奶后享用。

6. 丹波面包

孩子们很喜爱古朴的丹波面包。

适用年龄： 三岁至十二岁

参与人数：不限

需要准备的材料或工具：

- 一个碗；
- 一个杯子；
- 一个烤模；
- 锡箔纸；
- 一把小刀。

食材：

- 两杯低筋面粉；
- 少量的盐；
- 水；
- 干果，例如葡萄干（非必需）；
- 人造黄油；
- 蜂蜜或果酱。

做法：

- 将面粉、盐、水混合搅拌，揉成一个干面团；
- 在面团中加入一些干果；
- 在烤模上涂上一些人造黄油；
- 将面团放入烤模中，在烤模上覆盖一层锡箔纸；
- 将面团放入烤架烘烤或埋在篝火的热灰中；
- 所需的烘烤时间大致为60分钟；
- 吃的时候，将丹波面包切成厚厚的小块，抹上人造黄油和蜂蜜

（或果酱）享用。

温馨小提示

用小刀刺入面包，若拔出小刀时，刀身干燥没有粘上面团，则说明此时的丹波面包已经可以食用了。

7. 丹波面包圈

将老式的丹波面包做成面包圈。

适用年龄：三岁至十二岁

参与人数：不限

需要准备的材料或工具：

- 给每个人准备一根直径2厘米至3厘米的木棍。

做法：

- 根据丹波面包的食谱备好面团；
- 将面团揉成若干个小面团，将小面团揉成长条，将长条在木棍上绕一圈；
- 将面包圈放在烤架或炭火上烘烤，时不时地翻转木棍；
- 若面包圈能够很轻易地从木棍上取下，则说明面包圈已经可以食用了；
- 吃的时候，在面包圈的中间加入蜂蜜或果酱味道更佳。

8. 烤土豆

毫无疑问，烤土豆是深受各年龄段孩子喜爱的一种食物。

适用年龄：三岁至十二岁

参与人数：不限

需要准备的材料或工具：

- 餐叉；
- 一把锋利的小刀。

食材：

- 一人一个大土豆；
- 诸如黄油、奶酪或捣碎的牛油果之类的配料。

做法：

- 用力地刷洗土豆，确保土豆上的泥都洗净，无须削皮；
- 用餐叉刺穿土豆；
- 用锡箔纸包裹住土豆，然后放在营地的炭火上烘烤1个小时至1.25个小时，可以用叉子刺到土豆的内部来检验熟度，若土豆的内部松软，则说明该土豆已经熟了；
- 在每个烤熟的土豆上方划一个十字；
- 轻轻地挤压土豆，让土豆沿着十字自然破裂；
- 根据个人口味抹上黄油或其他配料食用。

9. 自制汉堡包

自制汉堡包制作简易，是绝佳的露营食物。

适用年龄：三岁至十二岁

参与人数：两人

需要准备的材料或工具:

- 一个搅拌钵;

- 量杯和量勺;

- 一个餐叉或搅拌器;

- 一把小铲;

- 一把小刀。

食材:

- 350克切碎的瘦肉末(牛肉、猪肉、鸡肉或羊肉均可);

- 一个洋葱;

- 一个鸡蛋,打碎,轻微地搅拌蛋液;

- 一杯烹饪用面包粉;

- 两勺番茄酱;

- 面粉;

- 两勺至四勺油;

- 盐和胡椒粉;

- 两个做汉堡用的小圆面包;

- 切好的生菜;

- 一个至两个番茄,切成片。

做法:

- 将肉末、洋葱、鸡蛋、面包粉和番茄酱放入搅拌钵中混合搅拌;

- 搅拌至各种食材充分混合;

- 将混合食材分成两份,做成小肉饼的形状;

- 将小肉饼滚上一层面粉；

- 在烤盘上倒入少许油，加热；

- 在烤盘上煎小肉饼，每面煎4分钟至5分钟；

- 将小圆面包切成两半；

- 在餐盘上放一半小圆面包，往小圆面包上加生菜和番茄片，然后加上煎好的小肉饼；

- 在小肉饼上抹一些番茄酱，最后在顶部放上另一半的小圆面包。

温馨小提示

根据个人口味，汉堡中可加入不同的配料，例如凤梨、炸洋葱、煎蛋、培根、奶酪片等。

钓鱼

作为狂热的钓鱼爱好者，祖父们会很享受与孩子们一起钓鱼的乐趣。

适用年龄：五岁至十二岁

参与人数：不限

需要准备的材料或工具：

- 渔竿和钓丝；

- 鱼饵；

- 食物和饮料；

- 遮阳帽和防晒霜；

- 适合当下天气状况的衣服（天气可能晴朗炎热或寒冷潮湿，需要提前做好准备）。

祖父可以教孩子们一些基本的钓鱼技巧，例如如何抛掷钓鱼钩。别忘了带个相机去记录你们的垂钓成果。

确保垂钓之旅充满乐趣的关键，不在于抛掷，而在于事前充分地计划。让孩子参与钓鱼活动的事前计划并且给他们分配一些任务，例如让孩子们负责看管食物。

在充分考虑孩子的年龄以及钓鱼水平的基础上，选择一个安全的垂钓场所。可向你的鱼友征求建议，找一处有鱼可钓且方便前往的垂钓场所。

江河入海的河口（淡水和海水的交界处）、海湾以及湖泊都是适合带孩子们去垂钓的场所。鱼儿通常喜欢待在有充足的食物并且能够给它们提供保护免受大鱼袭击的地方，例如防波堤下、岩石墙里、水底的原木下、海草丛中或礁石中。

基本的垂钓器材包括浮子、沉子、鱼饵以及一把储藏在托盘中的小刀。用一个小型的能盖严实的容器装钩子、转环和沉子，这样使用起来更安全方便。装器材的箱子不要太大，确保孩子们也能提起。

搜集鱼饵也是趣事一件。对孩子们来说，搜集鱼饵可能是他们的垂钓之旅中最有意思的环节。理想的鱼饵通常出现在垂钓之地，可以用细眼网、吸水管或铲子来搜集鱼饵。

当鱼儿们离得很远时，让孩子们参与抛钓丝能够让他们兴趣盎然。教孩子们抛钓丝时，集中关注孩子动作的准确性而非抛掷的距离长短。对于钓鱼新手来说，双手抓住渔竿抛钓丝会比较容易。另一个抛钓丝的

技巧是，教孩子们在抛掷的时候眼睛牢牢地盯住他们的目标所在。抛钓丝的时候要确保身体的平衡和舒适，防止孩子因为失衡而掉入水中。避免一群新手一起抛钓丝而出现钓丝缠绕在一起的情况。

鱼儿上钩只意味着成功了一半，将鱼儿钓上岸才是真正实现了完整的垂钓过程。然而，对于新手来说，垂钓的过程远远比钓上鱼更重要。孩子们的鱼儿上钩后，你不要插手也不要接管他们的渔竿，让孩子们自行应对。鱼儿脱钩也是垂钓的一部分。

向孩子们解释和传达垂钓的基本道德。例如：

遵循以下垂钓准则：

- 将尺寸过小的鱼儿毫发无损地尽快放生；
- 需要多少钓多少，不可贪多；
- 保护垂钓地的环境——将垃圾带走；
- 不要把鱼儿当作玩具来玩。

温馨小提示：

- 对于孩子们来说，等待鱼儿上钩可能是一个漫长、无聊的过程，若孩子们的耐心到了极限，将渔具收好，下次再来。
- 确保钓鱼用的小刀插在刀鞘内，并且放在孩子们接触不到的地方。
- 确保手指远离锋利的鱼钩。
- 明确垂钓的区域内是否有危险的海洋生物，例如石头鱼。
- 永远不要忽视天气，若天气看起来不佳，不要开船出海。
- 小心处理鱼儿。孩子们需要意识到大部分的鱼的身上都有起保护作用的刺。

吞拿鱼饼

年幼的孩子会很享受制作吞拿鱼饼的过程——尤其是在他们跟随祖父外出垂钓一天却毫无收获、内心沮丧的时候。

适用年龄：五岁至十二岁

参与人数：不限

需要准备的材料或工具：

- 一个果蔬剥皮器；
- 一个中号的搅拌钵；
- 一个土豆捣碎器或一把叉子；
- 量杯和量勺；
- 一个开罐器；
- 一把小刀；
- 一块案板；
- 一个盘子；
- 一个烤箱托盘；
- 一口平底不粘锅；
- 一个过滤器。

食材：

- 两个中号的土豆，削皮；
- 一勺黄油；
- 425克吞拿鱼罐头，将吞拿鱼沥干，切成薄片；
- 一个小洋葱，削皮，切碎；

- 两勺切碎的欧芹；
- 一个鸡蛋；
- 胡椒粉（根据个人口味确定量）；
- 一杯面包粉；
- 若使用的不是不粘锅，准备一些油；
- 一个柠檬，切成片。

做法：

- 将土豆煮软，沥干；
- 将煮好的土豆放入搅拌钵中，加入黄油，捣碎；
- 将沥干切片的吞拿鱼放入搅拌钵中，与土豆泥充分混合；
- 加入切碎的洋葱；
- 加入鸡蛋和欧芹，用胡椒粉调味；
- 将搅拌钵中的所有食材充分搅拌混合；
- 将混合物塑造成一个个圆形的丸子或塑造成鱼儿的形状；
- 将面包粉倒入盘子中，把每一条"鱼儿"小心地裹上面包粉；
- 将裹好面包粉的"鱼儿"放入托盘中，在冰箱中冷冻1个小时左右，若孩子们很饿，冷冻15分钟即可；
- 加热煎锅，若使用的非不粘锅，在锅中加入一些油；
- 将"鱼儿"放入锅中煎至两面金黄即可；
- 吃的时候，可以加一些柠檬片作为装饰。

温馨小提示

你可以用三文鱼罐头或其他等量的煮好的鱼肉来代替吞拿鱼。

大海、浪花和沙滩

大部分的孩子都喜欢大海，喜欢在沙滩上玩耍，在大海中游泳或冲浪。在早晨或黄昏的时候带孩子们去海边玩耍，这样就能避开强烈的阳光照射。

适用年龄：三岁至十二岁

参与人数：不限

需要准备的材料或工具：

- 防晒用品：确保你的防晒霜的防晒系数在15至30之间，戴上遮阳帽和太阳镜，穿着长袖衬衫；
- 沙滩伞和舒服的沙滩椅能够让你在沙滩上度过一段愉悦的时光；
- 带上一些冷饮和消遣的设备。

当年幼的孩子们靠近海边时，祖父母需要格外保持警惕。牢牢记住以下安全注意事项：

- 仅在有救生员巡逻的水域内游泳；确保孩子们只在标记红色和黄色旗子的区间内游泳；
- 注意一些安全标志，这些标志可以提醒你注意某些潜在的危险及当日海滩的状况；
- 若你不清楚当日的浪花状况，可以询问救生员；
- 永远不要让孩子们独自游泳，也不要让他们在夜里游泳；
- 不要让孩子们跑进或一头扎进水中，即使你已经检查过该水域，

因为水中的状况是瞬息万变的。

沙滩是绝佳的天然画布，年幼的孩子们可以在上面画画和写字。沙滩雕塑和沙子城堡都是十分流行的游戏。带上一些有用的工具，例如水桶和铲子，孩子们能够用这些工具和沙子创造出非凡的作品。

沙滩也是发现和观察海鸟与海洋生物留下的足迹以及图案的极佳场所。

1. 沙滩寻宝和岩石池

沙滩寻宝是一项你可以和孩子们一起进行的休闲活动。在沙滩上寻找和搜集被浪花冲刷过的宝物（例如贝壳，海草和海鸟的羽毛）将十分有趣。不同的季节沙滩上会出现不同的宝物，尤其在海上风暴过后。

岩石池令孩子们着迷，其中有着大量的海洋生物等待孩子们探索，岩石池中有海草、海蜗牛、螃蟹、海绵以及其他小型海洋生物。

适用年龄：三岁至十二岁

参与人数：不限

需要准备的材料或工具：

- 适宜的鞋子、遮阳帽和长袖衬衫；
- 防风夹克；
- 防晒霜。

海岸安全准则：

- 不要用手直接触摸任何海洋生物；记住，岩石是很多海洋生物的家园，需小心翼翼地移开岩石才不会惊吓到岩石下面的生物；

- 不要将手放入你看不到的地方；
- 不要随意把海洋生物移动到其他环境中；
- 将搜集到的东西放回原处；
- 小心海浪；
- 注意海滩上的一些安全标志。

注意：大部分生活在岩石下的海洋生物都是对人类无害的，但有一小部分可能是危险的，例如蓝圈章鱼。

2. 水下潜望镜

孩子们探索岩石池时，水下潜望镜能够发挥很大的作用。水下潜望镜的作用相当于放大镜，能够让孩子们看清楚水下的生物。

适用年龄：八岁至十二岁

参与人数：不限

需要准备的材料或工具：

- 一个较大的干净的空罐头；
- 一个开罐器；
- 防水胶带；
- 清晰透明、有韧性的塑料包裹膜。

做法：

- 用开罐器将空罐头的底部打开，这样一来，罐头的两端都是打

开的；
- 确保罐头的两端平滑，用防水胶带将两端接口处包裹上；
- 将罐头的一端用塑料包裹膜覆盖上；
- 用防水胶带牢牢地将塑料包裹膜固定在罐头的一端；
- 将用塑料包裹膜封死的一端放入水中。水的浮力会挤压塑料包裹膜并将塑料包裹膜向上推，形成一个凸面镜，从而使得这个观察器具备放大镜的功能。这样一来，孩子们就能清楚地观察水下的生物了。

温馨小提示

另一个便捷的选择就是用旧的塑料桶代替罐头，将塑料桶的底部去掉，然后在桶底包裹上清晰透明的塑料膜即可。

出海

在船上玩闹能够让祖父母和孩子们一起度过一段惬意愉悦的时光。若你有航海的渴望，你可以和孩子们一起报名参加航海俱乐部的训练。大部分的航海俱乐部都会为初学者开设暑期学校——年长年幼均可。若你是一名有经验的船员，你可以上完整的航海课、急救课和心肺复苏课。

晕船小提示：

- 服用针对晕动症的药物；
- 注意饮食，小饼干是最佳的航海食物；

- 不要看其他晕船的人；

- 用棉花塞住鼻子：晕船多由气味引起；

- 望向远处的海平面，而不是看着眼前的海浪；

- 天气差的时候不要到甲板下面。

1. 瓶子船

孩子们可以用不同形状的瓶子来制作一支轮船舰队。制作的过程能够带给孩子们激动人心的航海体验。

适用年龄：五岁至八岁

参与人数：不限

需要准备的材料或工具：

- 有盖的塑料瓶若干（各种形状和尺寸的）；

- 强力胶；

- 额外的瓶盖；

- 一块硬纸板；

- 一把剪刀；

- 彩纸；

- 一把木质的叉子；

做法：

- 选一个瓶子，拧紧瓶盖；

- 将剩余的瓶盖用胶水粘成烟囱的形状。用硬纸板剪出船舱和船员，将它们用胶水粘贴在瓶子船上。风帆可以用纸张和木叉子来制作。

2. 明轮船

明轮船模型的制作过程比较复杂,适合年纪稍大一些的孩子。

适用年龄:八岁至十二岁

参与人数:不限

需要准备的材料或工具:

- 两块7厘米长、5厘米宽的硬纸板;
- 一把剪刀;
- 一根橡皮筋;
- 一块聚苯乙烯泡沫板,剪成35厘米长、17.5厘米宽、2.5厘米高的轮船形状;
- 一个装水的容器。

做法:

- 在每块硬纸板上剪出凹槽(见图1);
- 将两块硬纸板的凹槽相对卡住,形成一个十字的形状(见图1);
- 用橡皮筋如图所示缠绕住硬纸板(见图2)并且同时缠住船形的聚苯乙烯泡沫板(见图3);
- 用手指转动硬纸板(也就是划桨)直到橡皮筋无法再拉伸;
- 将明轮船小心地放在盛满水的容器内。释放划桨,让小船在水中前行。

图1　　　　　　图2　　　　　　图3

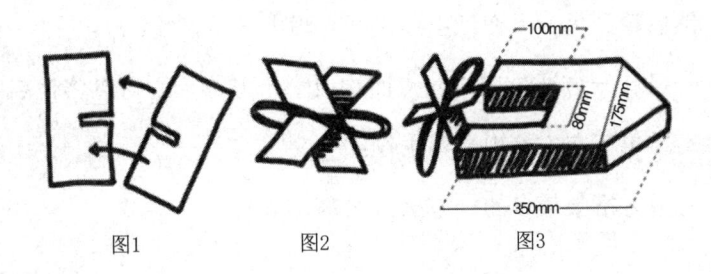

旅途游戏

与孩子们一起旅行时，准备一些适合旅途的游戏是十分必要的，无论你们是乘飞机、开车还是坐火车旅行。电子游戏和能够播放视频光盘和音频光盘的电子设备都是绝妙的旅行必备良品。

1. 连线游戏

连线游戏的诀窍在于画出直线，阻止对手画成一个完整的方格，当轮到自己画方格的时候，这些直线就能派上用场。

适用年龄：八岁至十二岁

参与人数：两人

需要准备的材料或工具：

- 纸张和铅笔。

玩法：

- 在纸张上画出一排的点点，一般情况下画十排，相互平行和垂直；
- 先手用铅笔将纸上的任意两点连接画出一条直线，注意，不能画对角线；

- 然后轮到另一人在纸上连接两点画出一条直线；
- 一旦有一方通过连接两点而构成一个方格，则可以将他名字的大写字母写在方格内显示主权；
- 完成方格数最多的一方赢得比赛。

2. 数到十然后你出局

适用年龄：八岁至十二岁

参与人数：两人

需要准备的材料或工具：

- 纸张和铅笔。

玩法：

- 第一方玩家想出一个秘密的词语，在纸张上画出若干破折号；
- 另一方猜测组成这个单词的字母分别是什么；
- 若另一方猜出了正确的单词，第一方则需要在相应的破折号上写出该单词；
- 若另一方猜错了单词，第一方则在纸张上画一个点；
- 游戏继续，直至另一方完全猜出该单词，或当纸张上出现十个点后，另一方认输。

3. 拆词重组

拆词重组游戏是旅途中一项十分有趣的活动。

适用年龄：八岁至十二岁

参与人数：两人

需要准备的材料或工具：

- 纸张和铅笔。

玩法：

- 祖父母在纸张上写下一个单词，该单词必须至少含有六个字母；
- 孩子们需要将这个单词中的字母拆开，组合成其他的单词，组合出单词数最多的一方获胜。

4. 监视游戏

适用年龄：五岁至十二岁

参与人数：不限

需要准备的材料或工具：

监视游戏是一项倍受欢迎的传统旅途游戏。无须准备任何设备或工具，一双锐利的慧眼便能让你在游戏中获胜。

玩法：

- 一方玩家选择一个物体，然后说"我监视着一个名字以……字母开头的物体"；
- 另一方正确猜出该物体后，则轮到他选择物体让对方猜测；
- 选择的目标可以是汽车内、火车上、飞机上或窗外的物体。

5. 字母表购物游戏

适用年龄： 五岁至十二岁

参与人数： 不限

需要准备的材料或工具：

无须特定的设备和工具，良好的记忆力有助于你在游戏中胜出。

玩法：

- 每一个玩家需要记住前一个玩家在市场上所购买的物品清单，然后自己再在这个清单加一个物品。例如：

  玩家一说：我去了超市，买了苹果。

  玩家二说：我去了超市，买了苹果和香蕉。

  玩家三说：我去了超市，买了苹果、香蕉和樱桃。

- 若某个玩家记不住购物清单或将清单中物品的顺序说错了，或想不出一个新的物品，他们将被淘汰出局，直到下一轮才能继续参加。

游戏变体：

- 玩家一说，阿格尼丝姨妈去了阿德莱德买了一只土豚（土豚的英文单词以字母A开头）。玩家二则需要在这个句子中加上字母B开头的单词，例如，阿格尼丝姨妈去了阿德莱德买了一只土豚和一只熊（熊的英文单词以字母B开头）；

- 我去度假时带了……

- 在沙滩上我看到了……

- 我穿越热带雨林的时候看到了……

6. 车牌游戏

适用年龄： 八岁至十二岁

参与人数： 不限

需要准备的材料或工具：

无须准备特定的设备或工具，但该游戏最好在车内进行。

玩法：

- 玩家可以选择一些车牌，上面的字母能够构成单词；

- 玩家也可以选一些字母需要重组才能构成单词的车牌；

- 通过车牌上的字母，玩家可以解读出信息，例如：车牌号"WFD 567"可以解读为"What's for dinner？（晚餐吃什么？）

7. 目标定位游戏

目标定位是完美的旅途游戏，有很多不同版本的玩法。

适用年龄： 八岁至十二岁

参与人数： 不限

需要准备的材料或工具：

无须准备特定的设备或工具，但该游戏最好在车内进行。

玩法：

- 玩家安静地坐在车内，观察车窗外的不同物体；

- 例如，找到黄色的汽车、棕色的奶牛、警察局、电话亭、钟塔或加油站；

- 玩家也可以定位某种汽车，不同的汽车定位所得到的分数不同

（例如，找到一辆法拉利给十分）；
- 玩家也可以在州际公路上寻找某个车牌号（记一分）；
- 第一个找到目标物体的玩家获得一分，得分最高者获胜。

8. 移动手指游戏

适用年龄：五岁至十二岁

参与人数：不限

需要准备的材料或工具：
无须准备特定的材料或工具。

玩法：

- 选一个家喻户晓的童话故事，或编出一个原创故事；
- 第一个玩家开始讲这个故事，故事未完时停止，动动手指，指定下一个玩家继续讲这个故事；被指定的玩家需要接着第一个玩家的故事往下讲，然后再指定下一个玩家来继续这个故事；
- 或者，第一个玩家必须讲一个笑话或出一个谜语，然后指定下一个玩家讲笑话或出谜语；
- 确保每一个人都有参与游戏的机会。

雪之旅

若你居住的房子附近有雪原，带着孩子抽出一天的时间进行一场激动人心的雪之旅不仅仅能够节约你旅行的预算，还能放松你的神经。记得带上额外的衣物和塑料袋，塑料袋能够用来装你们在雪地上弄湿的衣物和鞋袜。

雪花剪纸

你可以用白纸和剪刀为孩子们剪出雪花的形状。

适用年龄：三岁至八岁

参与人数：不限

需要准备的材料或工具：

- 几张正方形的白纸；
- 一把剪刀。

做法：

- 将方形纸沿着对角线对折；
- 再对折两次；
- 三次对折后的纸张呈现出圆锥形，将圆锥顶部的尖头沿着曲线或"之"字形剪掉；
- 对圆锥的圆边也做一些花样裁剪；
- 当孩子们打开这个折纸后，他们将能看到一朵纸雪花；
- 用纸雪花装饰房间。

温馨小提示

年龄较大的孩子可以用圆形的纸张来进行裁剪，对折十二次，在圆锥形的顶部和底部进行一些花样裁剪。

第二部分
如何从容面对祖父母
这一角色

Modern Grandparenting

Games and Activities to Enjoy
with Your Grandchildren

三代人一起玩游戏

　　曾经，晒黑的皮肤是健康的象征。而现在，我们意识到它其实代表了紫外线辐射对你皮肤造成的伤害。你不可能让孩子们的皮肤变得"强壮起来"，也不能通过让他们晒黑的方式来保护他们。

隔代教养 101

祖父母对孩子们的教育过程可能会充满乐趣，也可能很棘手，充满挑战和经常性的混乱，因为我们都在经营着持续变得更加复杂的生活。祖父母悠闲地坐在走廊的摇椅上的美好画面早就完全消失了。如今的祖父母更加忙碌，但他们依然能够在孩子们的生活中扮演至关重要的角色。

幸运的是，你无须某些特别的资格证书就能成为祖父母。实际上，你甚至无法预测或选择自己何时成为祖父母。这件事就这么发生了。有时候发生得还很突然——甚至毫无预警。当了几年的祖父母的经验告诉他们，当一个新的孙儿来临后，他们就需要重新调整自己的作用和身份，原因有很多，其中包括二次婚姻或混合家庭给孩子的生活带来的改变。

明确祖父母的角色

令人高兴的是，现代家庭生活方式的改变也意味着你不一定非得是孩子们血亲意义上的祖父母，你也不一定非得充当孩子们生活中一位具有特殊重要性的人物，你甚至不一定非得是"老"祖父或"老"祖母——这取决于你伴侣的年纪，你可以是令人惊讶的年轻。

尽管如此，现代的祖父母依然需要继续在孩子们的生活中扮演给予孩子们拥抱和亲吻、倾听和鼓励孩子们的探索能力和想象力的角色。

许多祖父母依然有自己的工作，有一些祖父母甚至还需要赡养照顾自己年龄较大的父母。他们都有着自己的生活和对生活的责任。你的年纪、你的健康状况以及你的居住地都会影响着你在祖父母这个家庭角色上的发挥。

花时间考虑清楚祖父母这一角色意味着什么，在一个新的家庭成员诞生前，好好与你自己的孩子交流讨论一下你的想法，这将会是一次有重要意义的谈话——当然，你也需要理解和认可你自己的孩子对你的期待。

当一个新的家庭成员诞生后，最大的家庭矛盾之一可能发生在孩子的父母和祖父母之间，因为孩子的父母对祖父母所能带来的实际帮助的预期和祖父母本身能够提供帮助的意愿以及能力之间往往并不匹配。许多祖父母很享受他们的退休生活，并不愿意在孩子的父母上班后承担起照顾孩子的重担，即使孩子的父母需要或想要他们的帮助。

也有很多祖父母享受含饴弄孙的乐趣，照顾孩子能够给他们的生活带来更多的意义，无论为此他们投入了多少时间和精力。当然，你需要明白的是，你对照顾孙儿这件事的想法会不断地改变，一个新生儿的到来会改变你的态度，你周围的环境或你自身的健康状况的变化也会改变你的想法，或是随着时间的推移、孩子们长大进入新的令人激动的人生阶段后，你的想法也会改变。

需要注意的是，一些独立的成熟的新生儿父母对于自己的父母突然的干涉会不适应，需要时间加以调整。祖父母这一角色的定义正在演变，旧的角色定义需要被更新。祖父母需要找到兴奋和付出之间的平衡，因为家庭关系正在受到挑战，成员关系正在加深，若处理得当，家庭成员之间的关系会越发牢固。

从孙儿在产房呱呱坠地起，你就要开始学习祖父母这一角色相关的课程，祖父母需要理解时下照顾婴儿的主流趋势和挑战。孩子父亲角色的转变、如何支持新生儿的父母等，都需要祖父母在今后的学习中涉及。通过学习这些课程能够加固你和孩子父母之间的关系，新生儿的降生会给家庭带来角色的转变、期盼和兴奋情绪，这些都有可能造成你和孩子父母之间的误解与紧张关系，通过学习祖父母课程，你可以缓和这些矛盾。这些通常为短期的一次性的课程包括：分娩方式的选择、襁褓

的方法、初乳、婴儿睡眠信息以及如何正确地使用汽车安全带。很多相关的在线服务或热线电话能够帮助到你，你可以通过它们联系到能够帮助你的人，告诉他们你现在所面临的问题和所需要的帮助。你也可以到当地的管理委员会、图书馆或社区中心寻求帮助。

作为祖父母，当孩子的父母想要或已经寻求你的帮助时，你要积极地提供帮助和建议；而当孩子的父母无此需求的时候，你也要学会站到一旁不插手。记住这一点，这能给你们之间的关系带来诸多好处。若孩子的父母在育儿问题上向健康热线而不是你求助，不要觉得你被冒犯了。网上有着一个强大的支持系统供你的孩子咨询。而你给孩子的父母过多的"专家建议"反而会让初为父母的他们感到气馁。

相反，你要学会倾听孩子父母在初为父母后的担忧和快乐，同时也要表达你对他们的理解以及对他们所做决定的支持——这会给他们带来做父母的信心，有助于他们形成他们自己的正确养育后代的直觉。这样做能够加深孩子父母对你的信任，对你们之间的甚至以后你和孙儿们之间的关系大有好处。

孙儿降临后，家庭关系会变得更为复杂。你十分了解你自己的孩子，你知道他们的性格以及他们在此刻的需要，在此基础上，认真考虑以下几点：

- 认真思考什么才是对你的家庭最有帮助的，你可以温和地询问孩子父母，做你力所能及的事儿——可能孩子父母所需要的并不是你想的或期待的。一个朋友的儿媳妇曾礼貌地建议她的婆婆帮助她照看女儿，因为她自己需要在家办公，婆婆的帮助对她而言意义重大，因为这样一来，她能够挣钱雇用一个清洁工来帮助她打扫屋子，而不是让婆婆帮她打扫屋子。她保留了她的经济独立继续工作，也给了婆婆和孙女相处的时间，同时还让她的女儿远离了脏乱的环境。

- 在分娩方式和哺乳方式的选择上，你要给孩子父母无条件的支持，这会让大家都感到舒服。若分娩不顺利或难产，你要保持尤其的敏感，理解这对夫妻心中的创伤，即使时过境迁。夫妻俩在此刻都身心俱疲，你要清楚他们此刻最需要的是什么。

- 在去医院或孩子父母的家中探望新生儿之前，询问新生儿的父母，尤其是母亲的意见。每个人都是不一样的，有的人在此时欢迎拜访者，有的人则不一定。不要抱怨探望的时间短，新生儿的父亲可能为了陪孩子请了假，记住，对于一个新家庭来说，这是一个家庭感情的特殊时刻。

- 在探望新生儿之前，提前电话或短信联系，你突然的到来可能会打扰到这个新家庭。若你住得比较远，在适宜的时间通过网络电话交流能得到对方的认可。

- 新的孙儿在医院降生时，若你需要帮助照顾家中年龄大一些的孙儿们，提前住进你孩子的家中，这样你就能尽快熟悉大孙儿们的生活习惯。

- 一旦父母带着新生儿回家，帮助准备三餐或提前在冰箱中为他们储备好食物都能让这对新生儿父母心怀感激。帮助这个家庭做一些家务能够给他们带来很大的帮助，例如帮他们洗碗、洗衣服、

叠衣服、扫地等等，或帮助他们照顾孩子（新生儿或年纪大一些的孩子）。把年纪大一些的孩子带回你的住处，给他们提供三餐、陪他们玩也会让他们的父母心怀感激。

成为祖父母对于每个人的意义是不一样的。有些祖父母为此期待了很多年，当终于梦想成真后，他们会心安理得地享受这些孩子追着他们叫爷爷奶奶。但对于一些年轻的祖父母来说，他们会对这个称谓感到畏惧不安，会觉得"难道他们不能直接叫我的名字吗？"对此要有心理准备，因为无论你是如何决定的。当孩子们学会说话后，他们想怎么称呼你可就由不得你。但也不用担心，因为他们可能会给你起一个充满爱意的名字。

若你处在一个混合家庭中，你是孩子们数个爷爷奶奶中的一个，在讨论或选择孩子们对你的称谓时要保持大方得体，你的想法通常会被接受。若你发现自己是孩子们的第三个或第四个（甚至第五、第六……）祖父母，放轻松，慢慢找到你在这个新的家庭结构中的位置。若新生儿降生时，你感觉不到自己在这个家庭中的位置，不用着急，等孩子慢慢长大，你有很多机会来联络家庭感情。记住，没有人会拒绝你在学校的假期帮他们照顾孩子。

第一次或者再一次成为祖父母可能会让你十分兴奋，但是记住，不要过分地奉献你的爱和关心。若家中的一个孩子得到了你过分的关爱和照顾，会引起其他孩子的不满，他们会要求得到同样的待遇。孩子也有可能对此感到疲惫。照顾好你自己，保持自己的兴趣爱好，这也意味着你有精力对付这些小鬼头。

最后，给一些住得比较远的祖父母一些建议，因为不是每个祖父母都能住在他们孩子的附近。我认识的一位小朋友一直坚信，深爱他的祖父母住在飞机场里。但住得远并不意味着父母子女或祖孙关系的疏远，也不代表你不能以其他方式给他们提供帮助。

邮件、电话短信、脸书、网络电话和博客等都是你和孩子们分享时间、交流情感、分享照片的方式，以最低的成本将这种关系带到日常生活中。你也可以利用现代的高科技来保持联系，你们可以一起在线下棋或玩其他在线游戏，这些都是之前的社会不曾有过的。若你还是想要当一个亲力亲为的祖父母，周围有很多单亲家庭的孩子，你可以给他们当临时的祖父母。

虽然通过电子邮件发送节日问候或时不时地通过网络电话沟通都是很可爱的行为，但你若不精通于这种沟通方式，也不必感到有压力。幸运的是，孩子们依然对于通过传统的邮寄方式寄来东西感到激动。孩子可能会很可爱地承担起每日检查家庭邮箱的工作，或留意邮递员的到来——对于有些孩子来说，邮递员的到来会是他们一天中最激动人心的时刻——若孩子们爱的某人给他们寄来了某些东西，这天对他们来说就更加有特殊意义了。

通过传统邮寄方式寄送旧式卡片、明信片、信件或小包裹是一种和孩子们保持联系和沟通的有趣方式。我一个朋友的孙子喜欢搜集我朋友旅游时寄送给他的各种明信片，小家伙还把明信片装在一个特殊的盒子里。在我们家，与孩子们通过这种方式沟通，到最后孩子们收集的卡片、明信片都可以办展览了。

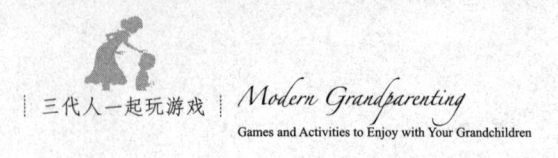

通常情况下，通过传统邮寄系统收到生日礼物或圣诞节礼物会让孩子们很激动。在日历上标注好每一个对孩子们来说有特殊意义的日子，例如孩子们的演讲之夜、学校演出、生日、体育决赛等等。这样你就不会忘了在这些特殊的日子联系你的孙儿们。

孙儿们的成长历程

你需要记住的是，每一个孩子都是不一样的。有一些孩子在生理和心智上可能会比其他孩子成熟得更早。每一个孩子都是按照自己的速度来成长的，"平均速度"只是就一个很大的范围而言。

新生儿阶段

新生儿的到来对于一个家庭来说简直是不可思议的奇迹。享受这种注视和观察你的小孙儿的乐趣吧，他有一天将成长为一个独一无二的人。照顾小婴儿的时候，注意他每一天的变化，从他呱呱坠地起，他每天的变化都是巨大的。保留你的意见，享受拥抱吧。

三个月至十二个月的婴儿

这一阶段的婴儿会有巨大的变化。记住，有些婴儿会早一些到达某一阶段，而有些婴儿则会晚一些，不用着急。当你观察你的孙儿的成长时，你会发现，他从一个无助的小婴儿慢慢地变成了一个有脾气的小家伙。这一阶段的婴儿会爬，会拉扯家具，会站立甚至会走路。你可能会

见证他们迈出的第一步，发出的第一个声音，说出的第一个单词。注意：这个阶段的孩子会把所有他们能拿到的东西塞进嘴里。

一岁至三岁的孩童

对于一个刚刚学会走路的孩子来说，生活就是一场冒险。他们会去探究和观察周围的世界如何运转。他们将学会一些新的技能并能够开始和你说话。在这一阶段，孩子会成长得很快，他们开始玩积木和七巧板。他们的艺术能力也从潦草的乱涂乱画发展为给图片贴标签或创造出富有想象力的手工作品。他们会很喜欢模仿你，会在屋子里跟前跟后给你打下手。他们喜欢玩水，让他们帮忙洗餐具或玩吹泡泡的游戏，他们都很愿意。他们也很喜欢用一些基本的小道具玩过家家的游戏，纸盒子、窗帘、毛毯，当然还有一箱装扮用的衣服都可以用来当作游戏的道具。需要剪切和粘贴的创造类游戏也很受孩子们的欢迎。当然，你们也需要多花时间去探索户外。

三岁至五岁的学龄前儿童

在这一阶段，你的孙儿们开始学习最重要的社交和独立的技能。他们已经学会了与他人协作，语言和社交能力在进一步的发展。他们会遇到很多全新的环境和经历。他们可能开始在当地上幼儿园。他们会敏捷地爬树，他们会踢球、追球、扔球，他们会骑自行车，他们会享受游戏的乐趣。在日常的玩乐过程中，他们会学习到很多。

五岁至八岁的学龄儿童

在五六岁的时候,你的孙儿们就要开始进入学校接受正式的教育。一旦进入学校,他们的社交和学习技能便会突飞猛进。在初入学校的那几年,孩子们将学会阅读、写作和一些基本的算术。他们对整个世界感到好奇和愉悦,你也能够和他们分享你的发现。这一阶段的你们可以一起玩棋盘游戏,做一些手工作品、探索户外或一起度过一些特殊的日子,这些都将变成你们珍贵的回忆。

八岁至十二岁的学龄儿童

在这一阶段,你的孙儿们正在变得独立。你可以带他们去户外探险,教给他们一些技能,这些技能将伴随他们一生。这一阶段的你要学会倾听孩子们对生活的看法并与之交流。也是在这一阶段,孩子们会和你分享一些最新的科技,让你与时俱进。你有可能成为他们最信任和依赖的人——你能在他们复杂而繁忙的生活中为他们提供一个安全的港口,当然,前提是他们需要这个港口。

做好充足的准备

无论你的房子离你的孙儿们是近还是远，祖父母的家都是孩子们愿意拜访的一处奇妙的场所，让孩子们来拜访你也能给孩子们疲惫的父母休息的时间。在孩子们来之前，做好充足的准备，这能让孩子们的拜访之旅更加顺利，让每一个人都感到愉悦。准备之前问问孩子的父母是否有些特殊事项需要注意。

若你家有足够的空间，或你经常照顾孩子，你可以在家中储藏一些儿童生活所需的设备，例如婴儿床（折叠式婴儿床最佳，这样不用的时候可以折叠收起）、婴儿座椅、汽车安全带和婴儿车，这能为所有人节省很多时间和精力。若你没有这些设备，不用惊慌，也不要觉得你应当将这些设备全部买下，一些声誉良好的婴儿用品租赁公司能够满足你的大部分需求，无论孩子是长期还是短期在你家住。

无论是在慈善商店、宅前甩卖、还是在易趣网和加姆特里网上的在线卖家手里，你都能买到很棒的二手设备，当然，不建议在这些地方购买床垫和汽车座椅安全带。若你在这些地方购买婴儿生活所需设备，注意要确保你购买的物品符合国家安全标准——一些老式婴儿床的设计有可能会引发安全事故。买双层床的时候也要小心。给儿童用的汽车座椅安全带也必须达到国家安全标准。

在照顾孩子的时候，婴儿车是一个非常重要的工具。如今依然可见人们推着老式的婴儿车在公园中溜达，但现代的婴儿车已经进行了很大的改进。如今的婴儿车设计需满足很多严格的安全标准，能够在不同的地面上使用，可折叠收起，方便人们乘坐公共交通工具或外出时放在汽车的后备厢，有些婴儿车甚至可以用于购物。一些婴儿车还给已经会走路的儿童提供了坐和站立的空间。

购买婴儿车的小建议

祖父母想给刚出生的孙儿买婴儿车作为礼物时可能会发现婴儿车的价格超出了自己的预算。注意商场里的婴儿车销售人员，当他们把你认定为目标客户后，他们的销售攻略很有可能让你的钱包瘪下去。

孩子的父母所需要的婴儿车的类型和他们的生活方式息息相关，购买之前先咨询下孩子父母的意见和在网上查一些资料，而不是急急忙忙地跑去买顶级配置的婴儿车。寻找一辆制作精良的婴儿车会让你意识到钱的价值，当你将婴儿车抬到汽车后备厢的时候，你会意识到婴儿车的实际结构决定了它的重量。能够调整高度的婴儿车把手也十分重要。

记住，折扣商店能买到便宜的婴儿车，方便储藏和使用，你可以买一个放在你的家中备用。

婴儿车的安全使用

安全使用婴儿车需注意以下事项：

永远不要将孩子独自留在婴儿车上，无人照管；

时时检查孩子在婴儿车上的状态，安全带是否系牢，孩子坐在车内是否舒适，当你快步走的时候，孩子在婴儿车内很容易随着你的移动而快速向下滑。即便孩子已经学会坐立，你也要帮他们固定好；

不要在把手上挂太多的东西，这样婴儿车很容易翻倒；

在你带孩子出去玩之前，练习如何快速高效地折叠婴儿车；

停下之后一定要使用刹车装置，仔细检查确保已经打开了刹车装置，无论此时你们是在马路上、站台上还是在斜坡上。

在孩子们到访之前做好充足的准备。提前选好你可以和孩子们一起做的一些简单的事情，孩子们到来之后，你们就可以一起度过一段轻松愉悦的时光。孩子们通常喜欢和爷爷奶奶一边做事一边聊天，你可以一起烘焙蛋糕，一起散步，一起去公园，一起坐火车，一起去当地的图书馆、消防站和咖啡厅。

在你的家中为孩子们准备一些基本的玩具也是个明智之举。再次提醒，你为孩子们准备的玩具不需要很昂贵、很豪华。邻居的车库旧物售卖、学校的游园会或像宜家和阿尔迪这样的商场打折时，你都能买到合适的玩具。在慈善商店和书市上你也可以淘到一些不错的玩具。像易趣和加姆特里这样的网上商城也是不错的选择，它们可以把玩具邮寄给你。（仔细检查确保玩具的安全性，尤其要注意检查玩具上是否有一些体积较小的可能会被孩子们扯下或吞下的部分，像毛绒玩具的眼睛之类的。）

关于教会孩子们分享的小建议

让孩子和其他小朋友一起分享他心爱的泰迪熊可能会引发无数的问题。孩子并不能够完全理解分享的概念，尤其是年龄很小的孩子。在家中多准备一些可爱的毛绒玩具，这样能避免孩子们由于争抢玩具而引起争端，孩子们也会把你的家当成一个和他们自己所熟悉的家完全不一样的场所。另外，多准备一些其他类型的游戏设备，像积木、智力拼图、颜料、画笔、墨水笔和纸张等，也能减少争抢玩具所引起的问题。

一些父母也会希望你能够帮他们收藏一些他们家中多余的玩具，因为玩具在他们家中总是会轻易地丢失，尤其在生日聚会后。我的一个朋友找出她收藏起来的自己的孩子年幼时曾玩过的玩具和看过的书送给自己的孙儿们，孩子们很喜欢玩爸爸妈妈小时候玩的"复古"玩具。

另外，你还可以拿出你尘封已久的工具箱和缝纫机，根据孩子们的兴趣点，为他们制作一些玩具和衣服。

下面是一些能让孩子们着迷的事物。

- 各种类型的书——幼儿纸板书、绘本、活动书以及一些非虚构主题的书，像讲述空间、动物、城堡等主题的书本，具体选择根据你和孩子们的兴趣而定；
- 不同形状、体积、颜色的积木，孩子年龄越大会越喜欢乐高玩具；
- 适合于玩水和沙子的各种容器——特百惠塑料盒一直是最受欢迎的选择；
- 汽车、卡车、飞机和轮船，塑料栅栏和儿童地垫，等等；

- 动物园或动物农场；
- 玩具娃娃、婴儿车、茶具和厨房用具——你的橱柜可能会对孩子们充满吸引力；
- 可以用来玩店铺游戏的收银机和一系列空容器；
- 用来玩角色扮演游戏的木工和医生的工具；
- 用来玩装扮游戏的旧衣服；
- 用来玩盖房子游戏的盒子和回收利用的一些材料。

无论年龄大小，孩子们都很喜欢在沙坑里玩儿。一个沙坑不会占据你花园太多的空间，你也不需要重新设计改变花园的布局，尝试以下步骤，给孩子们打造一个游戏天堂：

- 用一个没有水的戏水池来盛放沙子；你也可以用旧轮胎来代替，将轮胎的上端切开使用，在废品站或汽车修理厂都能买到旧轮胎；
- 在沙坑中填满沙子，沙子可以在五金店或建筑材料供应商处买到；
- 为这个沙坑准备一些形状大小各异的塑料容器、水桶和铲子；
- 在夜晚的时候将沙坑盖上，以免小动物爬进沙坑，这样做也可以保持沙子的干爽；下雨天的时候，在沙坑的覆盖物下放一个水桶，桶口朝上，这样可以避免沙坑上形成水坑。

在炎热的天气里，简单的水管、洒水车或戏水池都能带来无穷的乐趣。需要牢记的是，当孩子们在玩水时，你一定要一直在一旁监督。

选择在草地上而非水泥地或混凝土地面上准备一个游泳池，孩子们在草地上更不容易滑倒。给孩子们准备一些旧的能盛水的容器，孩子们就能在游泳池里愉快地玩上几个小时。在游泳池旁边放一盆水，在孩子们进入游泳池前先在水盆中洗去身上的草叶和泥土，这样能保持游泳池的清洁。游泳过后，将泳池盖上或将泳池里的水清空。

在浴室中准备一些浴室玩具或塑料容器，这样孩子们在洗澡的时候也能玩水。泡泡浴也是充满乐趣的一项活动。孩子们也很喜欢在厨房的水槽上玩耍，在厨房给孩子们准备一个脚凳或一把椅子，孩子们可以站在上面玩水，但要确保水槽周围没有任何锋利的危险物品。

提前做好计划

无论你是需要长期还是短期照顾你的孙儿们,提前高效地做好计划能够让你获得主动权。当然,你也可以不做计划,顺其自然,忍受孩子们带来的混乱或命令以及期待孩子们自觉地遵守纪律。

孩子们到来之前,提前列出一个清单,内容包括你们要进行的活动和你们的三餐,这将对你大有好处。可提前开始准备的活动有:

- 准备好游戏用的橡皮泥;
- 准备好拼贴活动或画画所需要的材料;
- 找出合适的花园玩具或钓鱼用具;
- 检查好电视节目的播出时间,提前借好需要的光盘,确定影院电影的播放时间等等。

同时还要考虑好如何带孩子们四处转转。举个例子,你们是走路去公园还是开车去?如果天气不好你们又必须出门该怎么办?记住,最重要的是保持灵活性。每个祖父母都可以根据当下情况临时改变计划。

学校的节假日让祖父母变成了孩子们生活中不可或缺之人,祖父母需要自动充当起陪孩子们度过假期的专家。无论你是需要陪孩子们一天还是一周，提前做好计划能让你和孩子们顺利地度过一段愉快的时光。

孩子们在假期可以参加很多种活动。查看当地的媒体新闻，寻找一些可行的活动。你可以常到当地的图书馆、公园或游泳池看看，确认下营业时间或看看这些场所假期是否会举办公共活动。也可以去城市中的博物馆和画廊逛逛。记下这些场所或活动的日期、营业时间、地点和适宜的年龄段。注意，有些活动需要预订或付款才能参加——别忘了预订以免错失机会。

孩子们在假期的时候可能也需要一些安静的时光，所以别忘了在外出活动和在家游戏之间找到平衡，孩子们也可以安安静静地在家画画、看电影、阅读或玩游戏。需要上学的时候，孩子们课业繁忙，可能找不到时间玩蛇梯棋或学习如何玩这些游戏。但假期到来后，在祖父母的陪伴下，孩子们可以开始玩这些游戏，这对孩子们来说将会是特别的回忆。

尝试让孩子们参与到你最喜欢的日常活动中来，例如园艺。要求孩子们帮忙。孩子们可以帮助耙落叶、将手推车填满或花几个小时观察虫子。年龄小的孩子尤其能在日常的小事中发现令他们激动的"奇迹"——这也让他们明白，无须做什么令人惊奇的大事或花很多钱才能获得快乐的时光。此时的孩子很容易对你敞开心扉，你可以和他们聊聊他们目前的困扰，也可以和他们说说你小时候的记忆，给孩子们看家庭相册和家庭重要的纪念品，例如某个家庭成员的战争荣誉勋章等。

长期照顾

出于各种原因，很多祖父母需要帮助长期照顾自己的孙儿们——孩子的父母工作繁忙、家中出现了一个新生儿、孩子的父母其中一方生病或学校放假等等。在这种情况下，提前做好计划和前瞻性思维对你尤其有益处，能让你和孩子们一起度过令人满意又充满乐趣的时光。以下是一些建议：

- 准备一本临时日历，日历上要有足够的空间来记下孩子们的活动安排；年龄大一些的孩子可以自己负责在日历上写下他们的活动日程；
- 学会利用身边的公共支持系统和服务；政府设立的儿童健康中心就是一个好的选择；
- 找到当地的幼儿游戏组（通常在社区中心或当地的教堂举行活动）和当地图书馆里的讲故事小组；参加这些小组的活动能够让你遇到新的朋友并能够和他们交流关于孩子的一些想法和信息，当然，孩子们也能在活动中遇到同龄的小伙伴，一起度过愉快的时光；
- 可以让你的朋友们参与到你的照顾工作中，同样作为祖父母的他们会很愿意帮助你，你也会很享受和自己的成年朋友一起照顾孩子们的感觉；
- 安排饮食和购物；想出一些你出门时方便携带的食物；手边储备一些容器、饮水瓶或冰块；做一顿大家都喜欢的饭；提前做好计划，冷藏食物；每次做饭或烘焙的时候，可以两倍、三倍或四倍地加大量，在给食物包上保鲜膜后，记得在外包装上写上冷藏的日期；

- 确保你和孩子们每天都到户外去，即使只是一次小小的散步；户外的新鲜空气对每一个人都有好处，此外，多进行户外运动能够让孩子们稍后休息得更好；
- 记住，不要费心去保持屋子的整洁；一项活动结束后，和孩子们一起整理活动现场，以备下次活动使用。设计一个打扫屋子的游戏，播放音乐，在规定的时间内收拾好现场。

最后，注意你自己的精力状况，不要因为投入过多的精力在照顾婴儿或儿童上而使自己变得急躁和精疲力竭。注意不要试图控制自己的压力，过度的压抑可能会导致你情绪的失控，这会吓到孩子们。

最重要的是，给自己一些时间，和另一半或朋友一起放松放松。花几分钟给朋友或家人打打电话，发发短信，写写邮件，刷刷推特或脸书。和成年人一起聊聊天能让你放松。若你需要长期照顾你的孙儿们，你可以时不时地请朋友或邻居帮忙照顾孩子们，这样你就可以出去放松一下，和你自己的朋友们叙叙旧、聊聊天。时不时地让自己偷个懒无伤大雅，你无须担心。

三代人一起玩游戏 | *Modern Grandparenting*
Games and Activities to Enjoy with Your Grandchildren

孩子们前来拜访

一些家长会每周定期带孩子们拜访祖父母，也许是一起度过一个工作日的夜晚，也许是周末一起共进午餐。当然，也有一些家长会偶尔带孩子拜访祖父母。无论如何，祖父母提前做好一些准备工作能够防止孩子们的拜访变成一个可怕的集体活动。下文是一些关于如何让孩子们的拜访之旅充满愉悦的注意事项——这是大家都希望看到的，孩子们能有机会一起玩耍，大人们能一起愉快地交谈。等孩子们长大一些后，他们可能也会想参与大人们的交谈或帮助你做饭。

- 不要小题大做；向大家解释无论谁想离开或必须离开你都没有意见；有时候年龄小一些的孩子可能会快速地对你的家失去兴趣，你可能会面对他们的突然离开；
- 给大家提供一顿简餐；做一些大家都喜欢吃的食物或从你最喜欢的外卖店点一些食物；
- 如果你的孙儿年龄很小，需要早一些吃晚餐，那么就在大人们的晚餐开始前给孩子准备一顿简餐；当大人们的晚餐在炉子上煮着的时候，你可以趁此机会给孩子洗完澡穿上睡衣；当所有人都回家后，孩子就能顺利地就寝；
- 家庭聚会日时，若孩子们的父母工作很忙，你可以帮他们去学校接孩子，如果需要，帮着他们做一些家务。

到子女家过夜的必备工具包

如果你需要时不时地去子女家过夜帮助照顾孩子们，或你有可能会被突然叫到子女家帮忙，给自己准备一个工具包，需要的时候拎包就能走。工具包中的物品有：

- 笔记本电脑、平板电脑、智能手机以及任何其他相关的设备；
- 如果你想在子女家玩游戏，带一个游戏机或者你可以在子女家继续你的运动计划；
- 便携式收音机；
- 手电筒；
- 旅行闹钟；
- 药物和医用处方复印件；
- 易换洗的衣物和舒适的鞋子；
- 书籍、杂志或电子阅读器（记得带上充电器）；
- 阅读灯和电池；
- 一盏小夜灯，用于你的房间或附近的门厅、走廊。

当孩子们在你家过夜

　　或许由于时间、距离、便捷度的限制，或许仅仅是一时兴起，你的子女会时不时地带着孩子们到你家过夜。此时，在你的通常只能容纳一到两个成年人以及一到两只宠物的家中，你如何安排好这一家子（三个人、四个人或者可能更多人）的食宿呢？更糟糕的情况是，他们有可能要在你家住一阵子，因为他们还未找到新房子，或者他们家的房子正在装修，此时的你该怎么办？

　　此时的你，可以把你家房子的平面图想象成可灵活变动的。原来的办公区可以改造成一个新的卧室，办公用品和设备则搬进你自己的卧室；餐厅和客厅也可以变成卧室。虽然你的卧室可能挤满了办公设备、艺术和手工作品、渔具和高尔夫球具，也不要忘了给自己留一些私人的空间。下文是一些其他的建议：

- 若天气不错，你可以租一辆大篷车或帐篷来使用；
- 若朋友家有富余的床垫或其他设备，向他们借，这样可以省下买新床垫的钱；
- 若有些多余的家具暂时用不到，考虑将它们挪到棚屋或车库内；

- 移动任何重家具时，不要一个人逞能，去寻求别人的帮助；
- 在家中给孩子们分配出睡觉和放置孩子们随身物品的区域，这个区域可以交给孩子们管理；
- 给年龄较大的孩子和年龄较小的孩子安排不同的睡觉区域；因为年龄较大的孩子通常睡得晚，他们会在晚上聊天、在床上读书或玩电脑游戏，而年龄较小的孩子需要早早睡觉；
- 如果需要，且孩子们已经习惯了睡在床上，年龄较小的孩子们可以一起睡在一张床上——在床的两端都放上枕头，给孩子们盖上一块大毛毯或两块小毛毯；
- 和别的小伙伴分享一个房间对孩子们来说是一件令人兴奋的事，尤其对于那些通常一个人睡的孩子来说；所以，对于两个小家伙在房间里咯咯地笑要做好心理准备，给他们一些时间安静下来；
- 充气式床垫是个不错的选择，它们有各种尺寸，另外，你可以在商店的折扣部或宿营商店买到睡袋，这些对孩子们来说都十分有趣；
- 若你需要重新布置你的起居室，买一些能够快速变成床的家具或有储存功能的家具；
- 你家有空间放置坐卧两用的长沙发吗？这种沙发可以很容易地将起居室变成卧室，只需要占据多一点点的空间；
- 给客人和主人都设立一套居住规则来保持家中的秩序；
- 在家中安排一个安静的区域——每个人都需要一些安静的空间用来思考、玩耍、解决问题、搜集资源或者是仅仅用来发呆；

- 保证你家周围环境的安全。

最后，注意，当你从子女的家中回到自己的家里后，或孩子们离开了你的家后，你会经历一段适应期。他们可能为离开感到难过，也可能很期待回到自己的家中——离别可能会突然发生。你需要知道这些并做好心理准备。

哄孩子们睡觉

　　一些孩子在你面前的表现可能比在他们父母面前好。即便如此，无论是他们在你的家中，还是你去他们的家里照顾他们，哄他们上床都是一件难办的事，更不用说哄他们入睡了。

　　在照看孩子的时候，你若能保持他们原有的生活方式，再加上一点儿运气，孩子们就能乖乖地保持他们午睡的习惯。不要让孩子太晚午睡，这样到了晚上他们会依然很精神。在公园中玩一会儿，或者是午后散步后孩子们会感到困倦，回家后就能顺利地进行午睡。良好的午睡习惯也有助于增加他们晚餐的食欲。

　　在孩子们上床睡觉之前多次提醒。例如，告诉他们"再玩10分钟就要去床上睡觉了！"或者"这个电视节目一结束你们就必须上床睡觉！"。坚持你的时间限制，不鼓励他们在睡前开始玩新游戏或看新的电视节目。

　　孩子们上床后，关闭你的手机，用短信交流，因为电话铃声会影响孩子的睡眠，将你的一切努力归零。和孩子们道过晚安后，安静快速地离开孩子的房间。若孩子爬下床走出卧室，温柔但坚决地将他们迅速带回床上。

关于哄孩子睡觉的小建议

- 当孩子已经足够大，不需要再午睡的时候，尝试让他安静地在一旁休息；他可以看书、玩拼图、画画或听故事，此时的你也可以好好休息一下；

- 尽量保持孩子们在他们自家的正常作息习惯；晚餐时间、玩游戏时间、洗澡时间和睡觉时间等，事先和他们的父母沟通，确认他们通常的习惯；

- 一盏床前灯、小夜灯或一个孩子们最爱的毛绒玩具都能够帮助孩子们尽快入睡；深夜时，一盏小灯也便于你查看孩子的睡眠情况；

- 若孩子不愿意睡觉，低声地播放一段舒缓的音乐也能起到作用；有些孩子也喜欢听着光盘中的有声故事睡觉（在当地图书馆和慈善商店都能买到有声故事光盘）；

- 不要在睡前给孩子们读或讲吓人的故事；

- 为了防止孩子们在睡梦中跌落下床，将床铺靠墙放置；在床前的地面上铺一些软垫或其他"着陆护垫"，若孩子不慎掉下床，这些软垫能起到保护作用；

- 给孩子们掖好被子；

- 若孩子夜里需要起床喝水，在他的床边放一瓶水；然而，需要注意的是，年龄较小的孩子在睡前需要上一次厕所，以免他们半夜或早上尿床；

- 若你的孙儿们醒得很早——并且他们已经能够理解时间的概念——在他们的房间里放一个时钟或一只手表，告诉他们什么时候需要起床。若这个方法不管用，让孩子们在自己的房间里玩耍，这样你就能多睡一会儿，具体情况视孩子的年龄而定。在这种情况下，你可以在他们够得到的地方给他们放一些安全的玩具或书籍，让他们自由玩耍。

晚餐吃什么？

考虑给孩子们以及他们的父母准备什么食物是一件压力很大的事。事先询问孩子的父母孩子喜欢或愿意吃什么。尤其需要小心的是，有些孩子会对某些食物过敏，在你不确定的时候，一定要事先询问孩子的父母。另外，有些孩子对一些食物有着强烈的喜恶——这种喜恶还有可能每天都有变化。

记住，你没法在孩子们拜访你的短短的日子里改变他们的饮食习惯或行为。你做饭的目的是让孩子们和他们的父母吃得开开心心，同时，健健康康。

在准备主餐或甜点、蛋糕、切片时，不要放弃你最喜欢的家庭菜谱——许多孩子更喜欢吃你特意为他们准备的食物。根据大部分的家庭菜谱都能做出美味的食物，将菜谱稍加修改也可能有惊喜。现在的孩子们已经习惯于各种美味，但是最简单的菜肴通常是最受欢迎的。在主菜中少放一些盐和调料，在蛋糕或饼干中少放一些糖，这都是明智之举。注意事先打包好的食物的色素、糖分和盐分的含量。过度摄取糖分或可食用色素有可能会给孩子们带来灾难性的后果，这种损害还有可能在身体内累积。

- 让年龄大一些的孩子们吃健康食品并不难；事先询问孩子的父母，孩子平时喜欢或不喜欢吃什么。

下面是一些容易准备的三餐建议，也许你的橱柜或冰箱里已经有这些食材了：

- 早餐：麦片和牛奶，水果和吐司；
- 上午小零食：水果或普通饼干和奶酪，一个三明治；
- 午餐：汤和面包，水果，牛奶或酸奶，或是一个填满奶酪、果酱或沙拉的三明治；
- 下午茶或放学后的小零食：水果，酸奶，牛奶，吐司或普通饼干；
- 晚餐：烤肉，蔬菜，米饭，吞拿鱼罐头，牛油果或意大利面。

给婴儿或幼童喂食的小建议

- 给孩子喂食的时候，保护好你自己和周围区域——给孩子用围嘴或围裙，用塑料布盖住桌子和地面。若你的桌子很珍贵，有着漂亮的桌面，好好保护它们；
- 在桌上摆放孩子们能简单使用的餐具；
- 给孩子们用有着大手柄和盖子的小杯子，不易碎的盘子和碗以及易清洗的桌布或餐桌垫；
- 随时准备好湿纸巾；
- 喂孩子吃饭的时候，不要开着电视，餐桌周围不要放玩具，以免孩子分心；
- 不要把餐桌变成一个战场。

科技

对于祖父母来说，一些现在大家已经很熟悉的小工具，在他们那个时期可能还只是出现在科幻小说里。各种尺寸和形状的电脑以及平板电脑、智能手机或其他电子设备在我们的生活中占据了至关重要的位置——并且在不断地更新着，数量和范围在不断地扩大。

每个家庭对于孩子使用和接触新兴科技产品的态度都不一样。有些家长认为年幼的孩子们应当远离科技产品，例如电脑游戏。他们更愿意孩子们用其他的方式来打发时间应对无聊，例如玩一些传统的游戏或参加一些传统的活动，这样他们能多跟其他人交流，接触户外，接触书籍或工艺。当孩子们到了上学的年龄，这些家长才愿意让他们接触科技产品。其他的家长则鼓励孩子们在家中使用各种各样的科技产品，鼓励他们使用社交网络，鼓励他们体验数字化的智能生活方式。但最重要的是，祖父母必须支持孩子们的父母所做的决定。

给祖父母的小建议

- 若你对于自己信息技术极简主义的生活感到高兴和满足，你需要放心的是，孩子们从科技产品上获取的虚拟经历永远无法取代他们实际的操作经历所带给他们的收获和满足，也取代不了你们一起共度的时光。

对于许多祖父母来说，平板电脑、台式电脑和智能手机都具有至关重要的作用，它们有可能是祖父母联系社区救生热线的方式。向孩子们解释清楚这些高科技产品在你生活中的重要性，同时教会他们尊重你的科技设备，若他们需要使用你的科技设备，给他们定一些使用的界限和规则。

然而，如果你的家中没有电脑，你可以在当地的图书馆和社区中心找到供公众使用和培训锻炼的公共电脑。另外，在咖啡店以及其他商业代销或零售店，你都可以找到免费网络下的诸如电邮亭之类的设备。

若你对科技类产品不太精通，不用担心，孩子们会热切地帮助你掌握电脑或其他智能设备。通过这些科技产品，你可以玩游戏、分享照片和制作相册、给孩子们写信、画画、发短信、寄送电子贺卡、分享音乐等等。孩子们将科技带入你的生活中后，你将发现在科技的世界里，自己会一直处于学习、发现和探索的状态中。

小提示

- 当孩子们向你介绍如何使用电脑、电子设备或其他小玩意儿的时候，你要保持团队合作精神，并记下孩子们的指示。这对于孩子们来说是很好的训练，记录下孩子们的指示对你也有用处。

在娱乐、提供信息和交流这些事情上，互联网、应用软件商店、视

频网站和社会化媒介都是十分有用的工具和资源。你可以用互联网来搜索信息，帮助孩子们发掘他们的兴趣点和热情所在。你可以帮助他们掌握搜索技巧，教他们使用合适的搜索词汇和术语，教他们如何辨别一条网上信息的真伪以及教他们如何正确地拼写单词。你还可以帮助孩子们从菜单中选出合适的网址和主题，例如：恐龙主题、独木舟、拼贴游戏、如何演奏乐器、如何养毛毛虫、去哪儿玩、做什么，等等。

应用软件是电子设备上集合了信息和娱乐功能的程序包。你用手指在智能手机或平板电脑上轻轻一点就能实现购买。（轻轻一点即可删除）你可以下载手机计算器、手电筒、天气预报服务软件、足球赛程播报软件、游戏、电子书以及其他富有创造力且适用于孩子们的年龄段的软件。

小提示

- 纸质书和电子书"混搭"，保持学习和娱乐之间的平衡。

许多祖父母通过社交网络——诸如脸书、推特和博客之类——与自己的家人和朋友交流。永远不能允许孩子们登录你的账号或在没有得到你的允许的情况下在网上发一些东西。若孩子们开始使用社交网络，与他们的父母确认孩子之前已经进行过适当的网络安全的练习。

互联网上没有监管机构，没有集中的内容控制机制，也没有家长式（或祖父母式）的建议和警告。当孩子们使用互联网时，确保他们处在安全的网络区域——没有暴力、色情等少儿不宜的内容。若你对互联网特别不信任，学校或政府的网站是比较安全的选择，学校通常都有专门供学生使用的安全网站或门户网站，政府的网站上通常有很重要的信息和指导，并且内容简单易懂，适合孩子们浏览。

若孩子们需要经常使用你的电脑，那么，你要给自己的电脑装上网站过滤器和监控软件，或将你的电脑系统改为符合家庭要求、适合孩子在线使用的设置。

小提示

- 永远不要低估孩子们破解你电脑密码的能力。

不同于祖父母小时候玩的棋盘或户外游戏，现在的孩子们都在通过新兴的科技设备进行娱乐活动以及和他们的朋友互动。许多孩子们有时会通过一个连接电视的控制台和手持设备玩电子游戏，这样的设备有任天堂游戏机、触控式播放器或微软游戏机，等等。年龄较小的孩子也可以在智能手机或平板电脑上玩电子游戏。

许多电子游戏能激发孩子们的创造力，提高他们解决问题的能力——通过游戏孩子们能够学会与他人合作互动。为什么不加入孩子们的游戏中呢？聚集起你的协作能力，与孩子们一起玩电子游戏吧。许多高科技"绝缘体"的祖父母都已经开始玩电子游戏了，如果你还不是一个电子游戏的专家，请孩子们教你怎么玩吧。

电子游戏指南

- 确保孩子们玩的电子游戏符合他们的年龄；游戏也像电影一样分等级。（M和M15等级的电子游戏不适合年幼的孩子玩，因为游

戏中会涉及公开的暴力和淫秽语言）；
- 与家人一起商量每周或每天的电子游戏时间规定；
- 在你照看孩子们时，你需要控制他们花在玩游戏上的时间；当孩子们在你家住时，你可以给他们设定时间限制并严格要求他们；
- 在给孩子们买电子游戏时，事先询问他们的父母或在网上做一些调查；在网上搜集相关信息并提前试玩。

孩子们可能需要在你的家中使用电脑或其他设备，你提前做一些计划总是有备无患的。

- 在家中给孩子安排一个他们使用自己的电脑或电子设备的区域，这个区域必须处在你的监管下——厨房的长凳就是不错的选择；
- 如果孩子们正在使用你的电脑，确保你能看到他们的使用过程以及你的电脑屏幕；可以协商给孩子一些属于他们自己的电脑时间，但别忘了要事先询问孩子父母的意见；
- 当超过两个孩子使用你的电脑或玩电子游戏时，小屏幕可能使用起来不太方便，你需要将你电脑屏幕的设置改为更清楚的使用模式；
- 在你的电脑上给孩子单独设置一个访客通道，孩子们可以通过这个通道在长辈的监管下玩游戏；
- 确保你电脑中的重要数据已经备份并妥善地锁好；不要低估孩子们的小指头，他们可以轻易地找到你的智能手机和平板电脑，这实在令人吃惊。当你把手机给一个无聊的孩子玩时，记住将智能手机锁好。

关于使用你家中的电脑和其他电子设备的建议

- 给你的邮箱设置过滤规则，将来自孩子们和其他家人的邮件、你的私人邮件、工作邮件和垃圾邮件区分开来，然后将这些邮件标星、标旗或标色以示区分；
- 整理你的数码相片；定期从你的相机或手机上导出照片；根据你个人的喜好，给照片加上标签，标签可以是孩子的名字、照相的日期或地点等，然后将它们整理归档；
- 在你的电脑桌面上建立一个文件夹，里面是各种适宜的能取悦孩子们的电子游戏或电子书网址（很多都是免费的），当你急需坐下来喝杯茶、享受一点点平和与安静的时光时，给孩子们打开这个文件夹；
- 给你的智能手机、平板电脑、台式电脑、充电器和连接线做上标记，以免当各种年龄段的"科技人员"带着他们的科技产品拜访你时将设备搞混；
- **注意**：兔子、小狗之类的家庭宠物偏爱啃咬电源线和连接线；
- 最后，这也是非常重要的一点，使用电脑或其他电子设备时，确保你和孩子们的坐姿正确，并且不要太长时间保持一个姿势。所有人都需要离开屏幕和键盘稍作休息。

现代的祖父母都知道，当孩子们在观看儿童电视节目时，祖父母就能赢得一些属于自己的时间啦。根据你的时间表给孩子安排看电视的时间，例如，给他们安排在下午看电视，因为下午的你急需坐下来安安静静地喝杯茶。当你在你家中照看孩子们时，儿童电视台只是其中一个选

项，另外还有大量的适宜孩子观看的视频光盘。

给孩子们安排观看的视频时，保持你的主动性。提前阅读你所要播放的视频光盘的观看指南和评价——在当地的报纸或专门给父母看的杂志上，你能找到相关的评价。在你看护孩子时，与孩子们讨论他们可能会看的电视节目，并和他们一起决定观看的内容。

选择那些适合你的孙儿们年龄段的电视节目。在给孩子们看电视节目之前，事前征求下孩子父母的意见，看安排的电视节目是否合适。你会发现，孩子们其实很有辨识力，对于适宜他们年龄段观看的电视节目会着迷——当然，如果你家中有好几个不同年龄段的孩子，那就有些众口难调了。然而，一些年龄较小的孩子很喜欢与哥哥姐姐们一起看不太适宜他的年龄的电视节目，确保他们也能看到适合他们的年龄段的电视节目，这样他们就不会错过。鼓励唱歌跳舞的电视节目很有趣，别忘了跟随电视节目加入孩子们一起唱跳。

注意：别让孩子们把你的家当成一个可以整天看电视的地方。不必害怕孩子哭闹，该关掉电视的时候就关掉电视。

小提示

- 看懂电视节目等级划分的符号。（在观看视频、游戏、视频光盘和电影的时候，这些等级划分符号会有助于你选出适宜的选项。）

电视、平板电脑以及其他类似的电子设备上的广告的目的就在于引诱你、你的孙儿们以及其他家庭成员去购买他们的产品。这些广告通常不适合孩子们观看。当播放广告时，用遥控器关掉电视或将广告静音。

- 不要低估孩子们能从电视上获得的信息。与孩子们讨论他们在看的内容，尤其是广告，当然还有常规的电视节目。主动表达你的观点，鼓励孩子们用质疑的态度对待他们所接收的信息。

孩子们观看视频时，你需要一直保持注意。一旦视频中出现吓人的、暴力的或不符合你的价值观的场景，迅速地关掉电视。让孩子们养成一旦电视节目结束就关掉电视的习惯。

没有家庭会不愿意在家中储备一些适合儿童观看的视频光盘。在家中储备一些适合孩子们观看的视频光盘，或者当孩子前来拜访时从书店或音像店租借一些光盘。选择那些你小时候看过的电影或书籍光盘，向孩子们介绍这些陪伴你度过童年的故事。

不用担心年幼的孩子重复观看一档电视节目会感到厌倦。就像他们喜欢一遍又一遍地听同一个故事一样，适宜的视频光盘，孩子们也会百看不厌。

便携式影音播放器使用建议

- 便携式影音播放器对于孩子们来说是一项福利。如果你子女的家中有一台便携式影音播放器，让孩子们在拜访你的时候带上它；
- 它们也是一个很棒的长途旅行工具，无论你是在汽车还是飞机上。一个适合孩子看的光盘的播放可以伴随几英里的路程；你还可以中途关掉播放器，吃吃喝喝休息下，或是四处逛逛；回到车里后，你可以继续播放光盘直到你到达目的地；
- 如果你想在飞机上使用便携式影音播放器，电池的使用时间是很

关键的；由于飞机上没有电源接口，你的电池需要能够支撑你和孩子们看完你们想要的那部电影；

- 如果你想偷个懒，可以独自带上便携式影音播放器，看一部成人电影。

当孩子出现在镜头下时，许多祖父母会马上开始拍照。一些祖父母用他们的手机相机和平板电脑的相机拍照，这样很方便。作为摄影爱好者的祖父母很享受利用他们的摄影技能为孩子的生活留下永恒的记忆。

尝试按照一定的顺序来整理孩子们的照片，例如给传统的相册或在线相册加标签。标记上照片的相关信息，例如孩子的名字、照相的时间地点等。

展示孩子们小时候的生活的相册对孩子们来说将是无价的人生财富。祖父母经常被要求录下孩子们在学校参加活动的视频。你可以为你的孙儿制作一个他的相册，存放在你的家中。同样的，孩子们人生某一瞬间的照片能够让他们在21岁生日时拥有一个永恒的人生记忆。

给孩子零花钱

有些祖父母很有钱，而有些祖父母需要小心经营他们的财务状况。帮助孩子的父母购买一个特殊的物品例如婴儿用具，或是给一个有天赋的孩子支付音乐课的学费，祖父母们都很愿意这样做，同时这样做也能减轻孩子父母的负担。当然，你要确保自己没有在经济上过多地投入给孩子。此外，如果你有多个子女，或是有好几个孙子孙女，你在给他们花钱这件事上一定要做到不偏不倚，不然可能会引起兄弟姐妹之间的矛盾。

外出游玩时，许多祖父母很愿意给孩子们零花钱，孩子们这一整天都可以自己决定如何花钱，这么做能够避免外出时孩子们不断地跟你要钱买冰激凌。

对于年龄大一些的孩子，当你照看他们的时候，你可以给他们制定一个预算，这样能有效地将他们的零花钱控制在一定的范围内。休闲娱乐的花销有可能会快速地累积到一个惊人的数额。在出门游玩之前，询问和估计好门票费、家庭票费、车费和停车费的金额总数有助于你将花销控制在预算之内。需要花钱的活动和不需要花钱的活动可以隔天交替进行，这样既能享受到快乐又能减少休闲娱乐的开支。

无论孩子是长期还是短期住在你家，零花钱都有可能成为一个问题。一些祖父母希望孩子们能够认识到钱的价值，知道如何花钱、如何存钱。另一些祖父母认为，孩子需要从帮助家里分担责任获得精神上的快乐，而非获得金钱上的收益。还有一些家长认为，在达到一定的年龄之前，孩子们都不应该去打工挣钱。所以当你要给孩子零花钱时，先问问他们父母的意见。

孩子们和你住的时候，给他们零花钱能够给他们一定的自主权，让他们决定自己要买什么，如何花钱。若其他家庭成员同意，可以一起提前讨论下是否该给孩子零花钱以及孩子能否通过帮助做家务而获得报酬。

- 首先，确定在无金钱报酬的刺激下你期待孩子们能够做的家务；
- 然后，根据孩子们的年龄和能力，缩小孩子们能干的家务活的范围；年龄较小的孩子可以通过铺床、布置餐桌等家务活获得零花钱，年龄大一些的孩子可以负责更复杂一些的家务活；
- 你是否不考虑孩子的年龄，给每个孩子一样数额的报酬？举个例子，七岁大的孩子是否有机会挣到十五岁的孩子能挣到的钱？
- 某项家务活获得的报酬是否应该更多？还是所有家务活的报酬都是一样的？
- 每份工作的报酬有多少？报酬是否按照工作完成比例来支付，还是按照完成工作所花费的时间来计算？
- 如果你的孙儿年龄比较大，你是否会安排他们外出给你的朋友干活挣零花钱，例如搬箱子、擦玻璃或整理花园？

家庭规矩和行为管理

制定一些家规能够避免你的家变得混乱。温和地提醒孩子们帮助收拾家（根据孩子们的年龄调整）也是祖父母们比较现实的期望。下文是一些简单的家庭规范和家庭成员责任的建议，遵守这些行为规范能够让家庭中的每一个成员都感到放松和愉悦。

- 即使家中的每一个人你都已经很熟悉了，你们还是需要对彼此保持礼貌，平时生活中记得使用诸如"请""谢谢""不好意思"的礼貌用语；
- 私人物品应当放在指定的位置，脏衣服需要被放在洗衣筐里；
- 食物残渣、垃圾或不想要的物品应当分类扔到垃圾桶里，年龄大一些的孩子可以帮助出门倒垃圾；
- 尊重个人空间，不乱碰私人物品，不要进入不被允许进入的房间，更不要在这样的房间内玩耍（例如，你的书房或你精心装饰过的房间）；
- 将玩具收在一个箱子或筐里；游戏过后，让孩子们收拾好自己的玩具；适当地提醒他们，如果孩子年龄很小，你可以帮助他们一

起收拾；

- 三餐必须按时在餐桌上吃；根据具体情况，吃完饭后让孩子们帮助长辈收拾餐桌、洗碗等；你还可以坚持要求孩子们在餐桌上不说脏话，获得长辈允许方可离开餐桌；

- 所看的电视节目需得到长辈的许可，只能在规定的时间内看电视、玩电脑或其他电子设备；

- 家务活要一起完成；一起干家务活的时候，不能抱怨说"这不是我弄的！"；

- 尊重和爱护家中的宠物；

- 离开房间的时候记得关灯；

- 限制孩子们煲电话粥和上网的时间（若他们没有自己的手机）；

- 若你家的热水供应有限或浴室数量少，为了防止有人占据浴室太长时间影响大家使用，在孩子们洗澡的时候使用计时器计时，让孩子们在规定的时间内完成洗澡；

- 不鼓励孩子们说"我要……！"，而是鼓励他们说"我可以要……吗？"；

- 若孩子们因为一件小事吵架或争论，可以要求他们离开房间，去玩另一项游戏。

父母们很容易养成为孩子们包办一切的习惯，因为在快节奏的生活方式下，父母帮孩子们包办一切无疑能够节省很多时间。记住，孩子们能自己完成的事，你绝不插手。独立自主是非常酷的生活习惯。当孩子们和你住的时候，你可以趁此机会将他们培养成足智多谋、独立自主的年轻人。可以鼓励年龄大一些的孩子独立完成以下事情：

- 吃早餐；
- 给你冲一杯茶或咖啡；
- 计划、准备和烹饪食物；
- 使用微波炉和洗衣机；
- 熨烫、修补和整改他自己的衣服；
- 出门倒垃圾；
- 给宠物喂食；
- 收信。

你需要知道，孩子们在你的家中无事可做有时候也是一件好事。百无聊赖的孩子会想办法自娱自乐。你无须想办法取悦他们，而是应该鼓励他们发挥自己的主动性。他们的想法有时候可能会让你感到惊喜，当然，若有需要，你也要给他们提供帮助。

关于什么是恰当的行为举止，每个人的观点和看法都不一样，这可能会给家庭生活带来数不清的麻烦。若父母鼓励自己的孩子学习行为规范，你强加干涉可能只会带来灾难。提供后援支持是祖父母让家庭生活变得更愉悦的最好的方式。

许多祖父母支持当下关于行为管理的观点。行为管理不同于纪律，纪律通常和惩罚联系起来，制定纪律的目的是控制和改变孩子的行为，而行为管理的目的在于帮助孩子。随着时间的推移，孩子会越来越独立，对父母的依赖越来越少，最终会发展出他们自己的自控能力，并且认识到什么样的行为才是可取的。

保持一致性是有效的行为管理的基础。无论孩子们是在你家待一天还是短期或长期的拜访，制定一些简单的行为要求能够给孩子们创造一些平和而安全的环境。向孩子们说清楚你的要求，例如，"我们只能在这张桌子上吃喝"。

聚焦好的行为能够起到作用。当孩子做出可被接受的行为时，对他大加赞扬，这能够鼓励孩子们去做更多类似的事。当涉及孩子们很感兴趣的活动时，这个技巧也能发挥作用，例如，"帮助爷爷收拾，收拾好了我们就能去钓鱼！"

小建议

- 建立明确的行为限制和界限，在问题发生之前试着预测可能发生的问题；
- 你给孩子们的指示必须明确而具体，例如"在晚餐之前收拾好你的玩具"比"别忘了收拾好你的玩具"明确；
- 尝试鼓励孩子们用他们自己的词汇和语言来表达他们的感受；不鼓励他们用肢体语言表达，例如击掌；
- 保持冷静；
- 不要冲孩子大喊；
- 避免面对面的对峙和权力斗争；
- 日常生活安排保持灵活，这样孩子们就能够放松，不需要急急忙忙；
- 只有孩子已经被安全地固定在座位上或系好了安全带，你才能开动汽车；

- 当孩子们在车内吵架时，停下车子；告诉他们，只有当他们安静下来后，你才会发动汽车。

若你正面对着一个一直有行为问题的孩子，尝试和孩子的父母进行一次非对抗性的讨论。这样的讨论通常能够起到作用，因为孩子的行为问题可能有很多种原因。提前知道孩子的父母如何处理孩子的行为问题也对你有帮助。与家庭成员一起努力，找到改正孩子不恰当行为的最好方法，并坚持不懈地与孩子一起处理这种状况。不要沮丧灰心，可能需要几周时间孩子的行为才会出现明显的改善。

当孩子受到了过度的刺激，行为问题或不恰当的行为可能会经常发生。找到引发问题的原因，越早阻止越好。用更平和的替代性活动来转移孩子的注意力能够对缓解当下状况起很大的作用。在这种情况下，给孩子一些冷却的时间也能够帮助孩子安定下来，重新获得自我控制的能力。与孩子待在一起、平静地讨论解决问题的方法和更恰当的行为。

当孩子与你待在一起时，养成帮助孩子的习惯是避免问题发生的另一途径。对孩子来说，以团队合作的方式和你一起共事是十分有趣的，他们可以和你一起分担任务，例如，收拾房间、做饭、打扫房间，等等。确保孩子听到和听明白你的要求，一次只给一个指导，并且给他们时间跟上你的指导。

乱发脾气

根据专家的说法，两岁到四岁的孩子最容易乱发脾气，因为作为刚

刚学会走路的幼童，他们无法用准确的语言来表达他们诸如沮丧和生气这类的情绪。此时的他们也很难区分自己实际的需求和意愿。

　　孩子乱发脾气的行为通常都有一定的目的。他们发脾气是为了瓦解来自父母或祖父母的阻力，或是为了获得关注，当他周围没有人的时候，孩子通常不会乱发脾气。孩子发脾气通常有两种表现形式：一种是发出吵闹的声音，摔门、跺脚这种类型，还有一种是静静地生闷气的类型。孩子发脾气的时候，长辈们应当用轻柔低缓的语气和他们说话。当然你也可以选择你的战场。

交流与联系

交谈和倾听是与孩子们保持联系的最重要的方式。大家都生活在繁忙中,所以找到合适的时间进行一次真正的交谈可能不太容易。但即使是在你的繁忙生活中偶然出现的一次交谈也具有很大的作用,你不要低估了它的潜力。当你给婴儿或蹒跚学步的孩童洗澡、喂饭和穿衣的时候,你都可以同时和他们交谈。对于年龄大一些的孩子,你们一起做饭的时候正是进行交流的好时机。

许多祖父母帮助孩子的父母接送孩子们上学放学,或负责接送孩子们参加课后活动。接送孩子的过程中,祖父母有着绝好的机会和孩子们谈天说地。当祖父母有一段单独和孩子面对面的时间时,他们可以很好地向孩子示范如何进行交流和联系。当然,如上文所述,利用在线科技和孩子们进行交流也是很棒的主意,可以和孩子们进行在线交流的方式有电子邮件、推特、脸书、短信和网络电话等。

谈话策略

- 饭桌是很好的社交场合,共同进餐是与孩子们谈话的绝好时机;

吃饭的时候大家都坐在同一个地方且固定在自己的座位上，好好利用这个时机与孩子们谈话；

- 主导你与孩子的谈话；在说完"你今天过得怎么样啊？"之类的话后，不要直接问你想问的问题，出于各种原因你的直接可能会导致孩子守口如瓶；多问一些开放式的问题，例如"今天学校里发生的最棒的事是什么？"，开放式的提问能够避免孩子们的回答只有一两个字；

- 如果你先和孩子们分享你的生活，孩子们之后会更可能向你敞开心扉，这可能和你的直觉相反；与孩子们谈谈发生在你身上的好事和坏事，说说笑笑——然后孩子们很有可能会想要和你分享他们的生活；

- 如果可能，尝试安排和孩子进行一对一交谈的时间；

- 孩子们在放松的时候或是在进行他们很享受的活动的时候，尤其是男孩子，很容易对你敞开心扉。所以，当你们一起散步、一起钓鱼或一起整理花园的时候，尝试发起谈话。

若你给出的指示清晰而具体，孩子们会更愿意接受。不要说"不要掉下去，乔安娜！"，而要说"抓紧了，乔安娜！"，不要说"把这些收拾干净，迪伦。"，而要说"让我们一起把玩具放进筐里，迪伦。"。

即使孩子的年龄再小，在向孩子们提简单而明确的要求时，加上一个正当合理的理由。例如，"抓住我的手，克里奥，这样我们可以一起等车。"，或是，"把门关上，本杰明，爷爷的后背感觉到了一阵凉风"。

实际而具体地说出你对孩子的期待，在孩子不好的行为出现之前就进行阻止。"当我们在医院的时候，我希望你表现好一点。"就不如"奶奶在医院看病，我希望你在去医院看望她的时候安静地玩你的玩具，这样你就不会打扰到别人。"表达得清晰。

给出指示

- 在给孩子们指示之前，确保你已经获得了他们的注意力，你可以叫他们的名字，蹲下或是弯腰看着他们的眼睛来获得他们的注意；
- 不要假设孩子们都能理解你的指示；用简单的语言来解释你给他们的任务；在心里将任务分为几步，每次只向孩子解释一步，完成之后再进行下一步；
- 指示要简洁，你说话的时间越长，孩子们就越有可能"左耳进右耳出"；
- 给完指示后，让孩子们重复一遍你所说的话。

在与孩子们日常的对话中，态度礼貌，表达清晰简洁，保持专注——这也是在给孩子们树立榜样——孩子们能通过你学习到如何在日常生活中与人交流。关于日常交流的一些建议包括：

- 给孩子们一些他们无法拒绝的建议，例如"如果你很快地穿好衣服，我们就可以去公园玩"；
- 用肯定孩子的方式来管理他们的行为；
- 表达明确，例如"在室内只能走动，在室外才可能跑动"或"在

室内讲话请小声一些";

- 当孩子的某个行为是你所希望看到的,给予他们表扬和鼓励,这样今后你会看到更多类似的行为;
- 不要冲孩子们大喊,若你失去了控制,准备做出让步;
- 给孩子们选择的机会,但不要一次给孩子们太多的选择。例如,"你想先穿上睡衣还是先刷牙呢?"
- 驳回孩子的某一要求的时候,给予另一选项进行补偿。例如,"你不能自己去商店,但你可以自己在花园里玩儿"。

孩子们喜欢突然提问。对于年龄较小的孩子提出的那些简单的问题,你只需要给出简短、简单而真实的答案,若孩子们想要获得更多的信息,他们会进一步问你。而对于年龄大一些的孩子,你最好的回答是"我不知道,让我们一起上网查查看吧"。

孩子们还会问一些刁钻古怪、难回答的问题——尤其是关于性的问题。在这些问题的回答上,支持孩子父母的选择很重要,有利于维持家庭和谐。但是,如果你不认可孩子父母对待这些问题的态度和处理方式,你需要采取一些圆滑的策略。若你认为孩子的父母应当给孩子们更详细的回答,或是孩子的父母应当支持你给出的回答时,"知识就是力量"是你最好的立足点,因为知识能够给孩子提供一定程度的自我保护。

关于交流问题的建议

- 一次富有挑战的争论能够帮助孩子理清他们的思绪;确保你不要

在争论中占优势，给孩子时间来陈述他们的观点；
- 不要让孩子介入你和你的伴侣的争吵中；避免把孩子当作乒乓球，例如，"去问你奶奶""去问你爷爷"；
- 与孩子们交流的时候，不要用愧疚感来控制孩子，例如，不要说"看看你干的好事，爷爷被你弄得精疲力尽！"；
- 交流中避免使用威胁恐吓，例如，"如果你再这样做鬼脸，风一吹过来你的脸就定型了！"；
- 不要让孩子情绪低落，即使你是无意的；给孩子取昵称的时候考虑清楚，因为一个不顾他人感受的名字可能会伤害到孩子，这种伤害有可能伴其终身；
- 如果你对孩子做了什么让你觉得后悔的事，不要害怕向孩子们道歉。

最后，什么也瞒不过孩子，孩子知道一切，了解所有人——向孩子保持秘密简直是不可能的。当然，出于一些理智的、安全的考虑，让孩子们保持自己的秘密也不被这一代的父母所认可。若家庭正在经历一段艰难的时期，全家人公开地、明确地、简单地一起讨论所面对的问题。

祖父母是善于倾听的专家。当一个忧心忡忡的父母向富有同理心的祖父母讨论自己所担心的问题时，解决方法和结果往往变得很明显。富有同情心地倾听能带给一个家庭莫大的支持，但记住，不要在倾听的时候着急给出你的解决方案和建议——这有可能会伤害孩子父母的自尊心，对于一个焦虑的家长来说，他最不需要的就是一个"专家"告诉他该怎么做。确保你的每次倾听都带着温暖、友好的态度。

倾听是帮助解决问题的第一步。如果一个孩子变得更加安静，或出现一些行为问题，可能是生活中发生的一些不寻常的事情所导致的。可能是父母的一方生病了，或是父母的婚姻正在摇摇欲坠，也可能是大家过于偏爱家中的新生儿。给孩子空间和你讨论他们的感受，这对他们来说是无价的。

然而，做好心理准备，你看待一个问题的方式可能和孩子们看待问题的方式完全不同。永远准备好倾听孩子们的观点，然后再进一步表达你的立场，即使孩子年龄再小也应如此。例如，你觉得托马斯非常脏，急需洗澡，但托马斯可能认为他身上只是脏了一部分，用水洗洗就好，不需要洗澡。在这样的情况下，幽默通常能派上用场。

最后，当你处于焦急或重重压力下，注意你的言辞——一句脱口而出的评论，加上你提高的声调以及严肃的表情可能会吓到年幼的孩子，而且他们对此的解读往往是错误的。若孩子们对你的言辞感到疑惑和不安，耐心地和他们解释清楚。

庆祝活动

对于很多人来说，儿童时期的庆祝活动是他们珍贵的回忆。许多祖父母很擅长举办庆祝活动。他们知晓如何把生活中的寻常之物变得不寻常。然而，举办家庭庆祝活动对于有些人来说可能是一场战役，所有的杂事都堆放在你的面前让你手足无措。

当家庭成员在一起热情消退的时候，或庆祝活动现场的情况变得很糟糕的时候，逃离！用一个紧急的工作事务或约会作为借口——管他呢！你以后有的是时间和机会充当家庭的和事佬或调解员。另一个选项就是随便找个人陪你一起逃跑，可以是任何一个家庭成员，也可以是一个孩子，你们一起去附近散步远离庆祝活动现场。没有什么比快步走能够更快地让人恢复平静了。

出于各种各样的原因，圣诞节或其他的节日对于一些家庭来说是压力很大的日子。随着家庭成员的长大，许多人并不能和谐共处。如果你感觉到，一想到圣诞节或其他节日你的压力就出现，向一些咨询服务机构寻求帮助。邀请一个你们家庭成员之外的人参与你们家的庆祝活动通常能够激发每一个家庭成员的良好表现。

如果你认为家庭聚会不可能开心，不要参加。当你只会见到一拨亲戚的时候或是当你确信不会发生冲突的时候，再去拜访他们。

如何做一个中间人

当孩子们被牵涉进一场父母间的家庭纠纷时，例如分居或离婚，祖父母可以很好地充当起中间人的角色。例如，孩子们可以和妈妈以及妈妈自己的家人一起度过平安夜，到圣诞节的早上，祖父母就可以来接他们去和爸爸以及爸爸的家人一起吃圣诞午餐。

家庭派对通常不需要花很多钱，只是需要花时间组织和联系。若你愿意在家庭派对中提供一些帮助，告诉别人你具体能够做什么——也许是买生日蛋糕或负责一项食物。或者，你可以负责承办聚会，你要做的工作包括摆放桌子、装饰房间、提供食物以及聚会之后的收拾工作。明确你具体负责的工作内容能够有效地避免不愉快的情况出现。

有时候，帮孩子们举办派对会变成祖父母的负责领域。给孩子们举办的派对不需要超过你的预算。一个成功的派对——确保每一位小客人都过得很开心即可——可能只需要花费很少的金钱就能实现。

如果你不想在你的客厅举办派对，你有很多其他的备选场所，例如当地的公园或动物园，你们可以在野外进行野餐或烧烤。在野外找一处安全的不受打扰的区域用餐。

此外，完美的派对不仅需要"派对专家"们提供食物，还需要提供娱乐活动，只要你愿意支付相应的费用。娱乐活动需要有成年人进行监督。

关于筹备派对的小建议

- 寄送正式的派对邀请函当然很好,但通常情况下,写清派对时间、地点等细节的短信或电子邮件就够了。考虑好在何时何地举办派对,派对时间持续多久。邀请通知上写清楚派对开始和结束的时间、举办的地点以及联系电话(对于年幼的孩子来说,两个小时是他们的上限);

- 如果你准备在室外举办派对,要准备一个室内的备用场所,以免到时候天气状况发生变化;你需要的是一个有容纳空间的场所;

- 无论你的传统派对佳肴是什么,绝佳的派对食物都是一口就能吃完的;填充了健康果酱和新鲜水果的小三明治会受到大多数孩子的热烈欢迎;

- 吹蜡烛是生日派对最重要的环节;确保你准备的蛋糕足够大,这样每个孩子都能分到一块,甚至派对结束后可以让部分孩子打包一些蛋糕带回家;别忘了准备好蜡烛和火柴。

- 派对游戏应当有趣;游戏别太难,别给小客人太大的压力;准备一些不贵的小礼物作为游戏奖品;确保派对结束后每个孩子都能拿到自己的奖品;

- 对于年幼的孩子来说,主题派对非常有趣;你们可以举办鬼魂派对、泰迪熊野餐派对、海盗派对、幽灵派对,等等;可以选择的主题有无数个;根据派对的主题装饰和布置派对现场,如果可能,提供符合派对主题的食物;

- 有些祖父母是优秀的派对表演家；你能给客人们画速写吗？你能表演魔术吗？你擅长讲故事吗？你愿意把自己打扮成一个仙女、小丑或是巫婆吗？如果上面的任何一项吸引你，去做。提高你的演技，你的表演有可能获得热烈的欢迎；你甚至可以经营自己的派对娱乐业务。
- 温和地提醒孩子们向每一位送他生日礼物的客人表示感谢。
- 注视着孩子们激动地打开你买给他们的礼物是一件令人快乐的事，但是，给孩子们买礼物的过程是让人头疼的。商家的营销手段和广告让孩子们倾心于一些祖父母实际上并不会买给他们的玩具。你需要采取一些折中的办法。你需要避免为了取悦孩子而购买那些你不喜欢的礼物，同时要确保你买给他们的礼物不会让他们感到失望且你的钱花得值。

你要坚信，孩子们会喜欢那些传统的包装起来的惊喜，你是送他们礼物的最完美人选。无论在选礼物上你面临什么样的压力，永远不要忘了赠送礼品最重要的概念——送给孩子能够代表你对他们的爱的礼物。

送礼物小建议

- 无论孩子们最想要的玩具是什么，如果这个玩具有可能会让你的神经崩溃，不要给孩子买；当然，如果这个玩具今后是保存在孩子自己的家中，且孩子的父母同意你给孩子买，那就另当别论了；这样的玩具可能是高压水炮和水枪、带鸣笛声的卡车模型、会说一些简单词语的娃娃、口哨、鼓或其他乐器；

- 游戏或运动设备能够帮助孩子们提高交流和社交技能，例如，学会轮流、分享和协作；买这种设备的时候，你需要考虑到这种游戏或运动通常需要两人或两人以上的参与；
- 避免买那些可能会涉及性别歧视、种族歧视或暴力倾向的玩具；最经典的"暴力"玩具就是枪了，你阻止孩子们玩这类玩具可能会比较困难，但你至少可以不给他们买这类玩具；
- 别根据性别给孩子们买礼物，小女孩也可能会需要和享受建筑类的玩具，而小男孩也可能会喜欢玩过家家、喜欢玩具娃娃、装扮游戏和厨具模型。

手脚灵活的祖父母是帮助孩子们缝纫或制作手工玩具的最佳人选，祖父母可以给孩子们制作装扮礼服、毛绒玩具、沙坑、玩具之家、房间模型和其他适宜的家具模型。

准备一个工具包，收集制作礼物所需的工艺美术材料。根据你所收集的工艺美术材料，你的工具包可以满足每个年龄段孩子的需求。工具包中需包含：蜡笔、墨水笔、铅笔、绘画颜料、胶带、各种材质的纸张、胶水、订书机、剪刀、文件夹、蓝丁胶、回形针、针线盒，等等。

购买礼物需考虑到孩子的兴趣点、年龄和能力，需要知道孩子目前所处的成长阶段。若你感到不确定，可以让商店店员给你推荐合适的礼物。也可以征求孩子父母的意见，但如果孩子父母的建议你不认同或超出了你的预算范围，你可以不采纳他们的建议。下文是关于礼物选择的建议。

- 选择那些能够激发孩子们的想象力的礼物，例如农场模型、玩偶

之家、装扮游戏配件、手工艺工具包；

- 不要买那些毫无想象力的玩具，有些玩具实际上只是会走会说，说它们需要说的，做它们需要做的；
- 考虑能够带给孩子们不一样的体验的玩具，例如，若你的孙儿平时花很多时间在电脑上，送他一个只能在室外玩的玩具，这样能鼓励他多去室外活动。

适合年龄较小的孩子的玩具

下文是一些适合年龄较小的孩子的玩具购买建议，你可以根据你家孩子的年龄来对照参考。

- 六个月以下——送给这个年龄段的孩子的玩具应当耐用且易清洁，诸如易清洗的毛绒玩具、拨浪鼓、床头的旋转风铃等；玩具不能有可拆卸下的部分，以免孩子将这些部分塞进嘴里、鼻孔或耳道；
- 六个月至十二个月——在这一阶段，孩子们开始会爬、拉扯家具、站立和走动；刚学会走路的孩子平衡感还很差，很容易摔倒；拿到手里的东西还是第一时间塞进嘴里；适合他们的玩具有：沐浴玩具、积木、床铃、毛绒玩具等；
- 一岁到两岁——这个年龄的孩子已经会走路，他们喜欢到处探索和观察周围的世界；手里拿到的东西还是会塞进嘴里；适合他们的玩具有：积木、乘骑玩具、推拉型玩具、绘本、轻质的塑料球、小水桶和铲子、图画故事书等；

- 四岁到五岁——可以送简单的游戏、绘画颜料、雕塑用黏土和橡皮泥、多米诺骨牌、乐器、画册以及故事书（需要父母给他们读）；
- 五岁到六岁——这个年龄段的孩子很喜欢到处探索、爬、骑、享受游戏，你可以送他们风筝、针线盒、手工艺工具包、木艺工具包、文字或数字游戏、带橡胶座的秋千、简单的棋盘游戏、拼图和书籍；

给年幼的孩子买的玩具应当结实耐用，能经受得起摔、扭、拉、咬，而且不会让孩子受伤。

- 购买之前仔细阅读玩具标签，确保该玩具不易燃、无毒害；
- 不要购买易爆、易弹射的玩具；
- 仔细阅读玩具说明，了解如何使用玩具及其所需的安全设备或电池；
- 妥当地处理玩具包装；
- 别让年幼的孩子玩他的哥哥姐姐们的玩具，这些玩具对他来说可能很危险；
- 三岁以下的孩子玩玩具时，注意别让他们拆下玩具的某个部分，这个年龄段的孩子什么都往嘴里送，他很有可能会吞下或吸入玩具的小部件；
- 教孩子们如何正确安全地使用他们的礼物——尤其是自行车。

对孩子们来说，小狗或小猫咪是非常美好的礼物，但对于不喜欢小狗或小猫的家庭来说，可能就是个灾难了。送小动物之前先征求孩子父

母的意见。他们是否支持他们的孩子养宠物？他们的家中是否有合适的空间安置宠物？他们能够给予宠物所需要的关心和照顾吗？记住，照顾宠物的责任往往最后都是由孩子的父母来承担。当然，若孩子的年龄比较大，而且孩子父母也支持孩子养宠物则另当别论，但你需要提前教会孩子如何照顾好宠物。

旅行和度假

与孩子们一起度假能够让你们在轻松的氛围中一起休息、娱乐和消遣。无论是你带着孩子去某个特殊的地方度假，还是整个大家庭一起外出度假，做好计划总能让你们的假期过得更加愉快和顺利。

尽可能多地增加孩子们的旅行经验。你们可以提前进行一次短途旅行作为假期演练，进行一次散步，去外面的餐厅吃饭。

出发之前，调查清楚你们将要去的目的地，你可以通过观看相关的影片和视频来了解，或者通过网络搜集相关资料，提前列出你们必去的观光景点。有时候，度假开始前的期待和度假的过程一样充满乐趣。

关于家庭旅行的小建议

- 与孩子们一起旅行的时候，穿着便装，使用带轮子的行李箱和双肩包，这样的话你能空出手来牵着孩子；
- 假期的住宿安排在孩子们可能会交到新朋友的地方，相信我，这会是你的救命稻草；为儿童提供服务的度假村、露营地、大篷车都是孩子们可能交到新朋友的绝佳场所（当然，你需要时时注意

着他们的一举一动）；

- 确保你们在下午早些时候到达目的地，这样你们才有时间进行四处探索和适应；
- 对酒店房间严格要求；在拖着行李入住之前检查下房间的状况；若你在酒店大堂排长队等了很久，你有权力和他们讨价还价；
- 在度假的过程中安排一些放松型的活动；
- 在假期开始前，给孩子们分配好各自的零用钱，这样他们就不会在度假的时候不断地管你要钱买冰激凌和玩迷你高尔夫了；
- 若你感到有些儿不舒服，不要犹豫，给自己放一天假；当你状态恢复后，可以建议孩子们的父母也去休息，你来看着孩子。
- 告诉孩子们度假期间每天的安排；
- 每天给大家留出一些自由活动的时间；
- 支持和理解孩子们对某些活动的偏爱。

无论对你还是对于孩子来说，选对住宿的重要性占据了一个快乐的假期四分之三的比重。无论你是独自带着孩子出门度假，还是和一大家子一起度假，住宿的方式都有很多种，需花费的成本也不一样。

酒店对于一个大家庭来说并不是最合适的住宿场所，酒店的设备不足以应对一个家庭的需求。你不可能让一大家子挤在一个房间里。若安排的两个房间不是挨着的话，你们只能选择家庭套房。

当你和孩子们在城市里度假时，公寓是比酒店更好的选择。你们有足够大的活动空间，而且能通过去附近的超市购物和自己做饭节省旅行开支。

度假屋是很棒的住宿场所。与公寓一样，你们有足够大的活动空间，而且度假屋的室外通常配备有很棒的游玩和放松的区域。在度假屋也能够自己做饭。

露营地和大篷车是很经济实惠的度假住宿选择。若你是富有经验、热情和不受约束的露营者，一定要带着孩子们去露营——他们一定会爱上这种自由，爱上这种返璞归真的烹饪和游戏的方式，爱上美丽的大自然，正如你一样。通过露营你将教给孩子们和他们的父母一些你最喜欢的户外活动和户外生活技能。在大篷车公园里住小木屋则是另一个经济实惠的选择。

火车旅行也很吸引祖父母和孩子们。火车上有活动的空间，孩子们可以坐下阅读、安静地玩游戏、看视频、听音乐和玩电子游戏。当你和孩子进行长途旅行时，可以考虑购买火车的卧铺车票。

航空旅行小建议

- 如今的航空公司对于乘客的客舱行李有很严格的规定；在你出发之前，仔细地查阅航空路线；

- 给孩子们穿上他们最舒适的衣服，将换洗的衣服装在你的自带行李箱中；确认你是否可以携带孩子最喜欢的小玩具登机；

- 若孩子们很喜欢飞机上的食物，看看是否可以将他们喜欢的三明治、小零食、水果和饮料打包带走；

- 不要指望航空公司会给孩子们安排旅途游戏；看看你是否需要自己携带一些孩子们旅途中可以玩的游戏；如果游戏设备可以被带

上飞机，多带一些，尤其是当你们要飞很久的时候；

- 婴儿手推车和儿童安全座椅应当和行李一起托运；
- 飞机起飞和降落时，给年龄大一些的孩子一根棒棒糖含在嘴里，能够减缓气压对耳膜的冲击；
- **注意**：在车站或机场等场所，你要像老鹰一样牢牢地盯住孩子们。此时的父母和祖父母通常都在忙于找出租车或其他事务，激动或困惑的孩子很有可能会在此时和家人走散。

无论你们旅行的目的地在哪里，无论你们采取何种方式出行，记得带上旅行救急包，包内装上孩子们喜欢的小玩意儿，这能让孩子们在整个旅行过程中都开开心心。带上孩子们感兴趣的难易程度不同的游戏或活动所需材料。

- 手指布偶；
- 扑克牌；
- 贴纸；
- 活动书和谜语书；
- 墨水笔、彩色铅笔和削笔刀；
- 骰子和能放在膝盖上玩的棋盘游戏；
- 地图和旅行日志；
- 购买或借一个便携式影音播放机，提前选好孩子们最喜欢的电视节目和电影；
- 年龄大一些的孩子可以带上他们的电子游戏设备；
- 便携式光盘播放器和有声故事光盘能陪伴年幼的孩子度过愉快的

时光；
- 年龄大一些的孩子可能会更喜欢沉浸在他们自己的音乐唱片中；
- 电子阅读器可以储存很多适合年幼的孩子阅读的电子书。

假期结束时的忧伤

你们的假期美妙得令人难以置信。每个人的气色都很好，大家相处得也非常愉快。这简直是梦寐以求的时光。然而，到了假期的最后一天，孩子们可能会变得不开心，开始吵架或抱怨。你感到痛苦、孤立无援、有抵触情绪。混乱重新统治了你们的生活。

不要担心。这就是"我们要回家了"综合征——从假期到正常生活的过渡。实际情况是，你们度过了如此愉快的假期，但现在孩子们将脱离你的照顾并开始期待回到他们自己的家中。

好好地和孩子度过假期的最后一天。帮助他们打包行李，准备回家。一起给他们的家人和朋友制作或购买一些小礼物能让你和孩子们一起度过假期最后一天的特别时光。

鼓励孩子和你分享他们的感受。告诉他们你理解他们期待回家的心情，告诉他们你会很想念他们以及你们一起度过的特别的时光。讨论你们下一次的见面。

到了愉快的假期的最后一天时，孩子们会自然而然地变得急躁和悲伤。对你自己也不要太严苛，给自己足够的时间来打包行李，让回家的旅途平静且从容不迫。回家之后，给自己时间放松，适应在家的生活——白天的时候好好放松下，效果会更好。

安全问题

当你照看孩子们时，孩子们的安全是需要最优先考虑的，但你采取的安全预防措施也没有必要是让人绝望和沮丧的条条框框。

你可以一次性或永久地把你的家改造成一个对孩子来说比较安全的场所。随着孩子的长大，你可以重新评估你的房子和花园的布局。然而，你有可能会面临不断有新的孩子出现在你家中的情况，如此你将需要一直对孩子和你的安全保持警惕。

当孩子们拜访你的家时，什么样的危险可能潜伏在你的房子和花园里呢？从孩子的视角来想象这个问题——什么样的东西看起来很有趣但可能有危险？什么东西可能会被孩子损坏，即使是无意的行为？带着便笺纸和铅笔，一个房间一个房间地巡视，列出潜在的危险物品清单。下面的建议供你参考。

- 将宠物关起来；
- 将珍贵的花瓶和房间装饰物移到孩子们够不到的地方；
- 锁好你的书房、储物间和车库；
- 清理并检查一遍花园；

- 不要将药品放在床头柜里，放到别处锁好；

- 检查一遍厨房、浴室和洗衣房，移走可能会给孩子造成伤害的物品；

- 储备适当的食物和饮料，很多安全措施实际上是生活常识；

- 在家中安装一个安全开关，能够在紧急情况下迅速切断电源；

- 给墙边的电源插孔安装上盖子，防止孩子拿东西捅插孔；

- 给孩子放洗澡水的时候，先放冷水，然后再放热水，试过水温后再让孩子洗；

- 永远不要让孩子在无人看护的情况下在浴室洗澡；给你自己的浴室中准备一把便捷的小凳子或小椅子；

- 不要在浴室使用便携式的落地取暖器；

- 使用无线的电热壶和电熨斗，以免孩子们拉扯电器的电线；

- 抱着孩子的时候，不要喝热饮；

- 检查你的水恒温器——48.9℃为宜；

- 确保所有的锅具的把手都转向炉灶的墙壁一侧；

- 收起悬挂晃荡的家用电器的电线，以免孩子们拉扯；

- 做饭的时候，尽量让孩子们远离炉灶或微波炉。

用火安全

室内火灾主要的诱因是家中漏电和厨房烹饪无人照看。大部分的火灾出现在厨房、卧室和起居室。你需要牢牢记住这些事实，因为当你和孩子们在一起的时候，他们很容易让你做事时分心。

- 家中必须安装烟雾警报器,并且常备灭火器;
- 买一个灭火用的毯子,放在家中随手能拿到的位置;
- 计划和演练一次全家的火警逃生活动,例如,"如果着火了,我们要快速地跑向门外的邮箱那里!";
- 妥善保存火柴和易燃性液体;
- 确保孩子听得懂你的指示,例如,"不要碰!烫!"。

危险的药品和化学制品

家中的清洁用品和药品(例如,镇静药、镇静剂、维生素片、液体药剂和药膏等)对孩子们来说都是危险的。

- 给装药品和其他危险物品的抽屉和橱柜安装上防护儿童插销;将危险的物品和产品装在儿童打不开的容器内;
- 买那些装在可重封的儿童打不开的容器内的清洁用品,并放置在家中安全的区域;不要将清洁用品移除原来的容器——例如,不要将清洁用剂倒在果汁瓶里使用;
- 不要在家中储存烤炉清洗液;只买一次使用的量,用完后将盛放清洗液的容器丢弃;
- 不要在床头柜或橱柜内存放药物;
- 若你不再需要用药,将剩余药物还给你的药剂师。

室外安全

为了让孩子们能够在室外自在地玩耍,你需要采取一些措施来保证室外环境和玩乐区域的安全。

- 清理掉地面上的垃圾或者其他可能绊倒孩子们的物体，检查周围是否有可能划伤孩子们的锋利物；定期地进行家庭大扫除，移除垃圾；
- 剪断花园中那些高度可能会刺伤孩子眼睛的树枝；
- 保持车库和棚屋的清洁，不用的时候记得锁好；
- 确保你家的栅栏上没有凸起的钉子或木刺；检查栅栏上的木条是否有松动，因为年龄较小的孩子们有可能会从松动的栅栏中间跑出院子，脱离你的看护；
- 在能够通往马路或车道的门上安装防护儿童的锁；
- 若你的家中安装有秋千或滑梯，定期检查其是否稳固，是否有锋利的部分；将秋千或滑梯安置在远离花园小路的地方；孩子们玩秋千的时候，你需要在一旁监护，以免小孩子们被秋千撞到；
- 在游戏设备下放一些地垫之类的物品可以减轻孩子们不慎跌落时受到的伤害；
- 蹦床可能会造成安全事故；蹦床应当摆放在地面上，一次只能允许一个孩子玩。

宠物安全问题

好奇的孩子可能会对你的宠物——猫、鸟、鱼和狗——造成伤害，你需要保护好你的宠物。

一些猫或狗在自己的领地受到入侵时会变得很凶猛，可能会伤害到

孩子们。当孩子们和你的宠物待在一起时，一定要留意现场的状况。即使是温和的小狗也有可能会咬人。若你对自己的宠物没有信心，不确定它们是否会伤人，那么孩子们来拜访你的时候，你最好把你的宠物锁起来。

检查你家鱼池或鸟笼的安全性，对于年龄较小的孩子来说，这也存在安全隐患。

农场安全事项

无论你是和孩子们一起去农场度假，还是你本身就居住在农场里，农场里存在的安全隐患都需要你时时留心。农场中的安全隐患多种多样。

- 在你房子的附近划出一片安全区域供孩子们玩耍——最好用栅栏把这片区域与农田、水坝和饲养场隔开；
- 清理干净孩子们玩耍区域的垃圾，移走废旧的机器和柴火堆；
- 不让年龄较小的孩子靠近拖拉机和其他农场机械；当年龄大一些的孩子在拖拉机和其他农场机械附近帮你干农活的时候，必须让他们处在你的看管下；
- 移走粮仓周围较矮的梯子，以免孩子们爬进粮仓；
- 骑马、骑自行车或开任何电动设备时，一定要坚持戴头盔；
- 开动机器前，检查是否有孩子在周围；
- 将工具、化学品和所有的农场设备（包括废旧的机器）存放在远离孩子们玩耍区域的地方。

用水安全

当孩子们在水边玩耍的时候，一定要牢牢看住他们。孩子天生喜欢水，无论是什么形式的水。水对他们有巨大的吸引力。想一想，有没有小孩在走路的时候会绕过水坑？没有任何孩子会这么做。大部分年纪小的孩子对水毫不畏惧，但也没有任何救自己的能力。记住，即使是五厘米深的水坑也有可能淹死孩子。游泳池、疗养浴池、浴缸甚至是一桶水都有可能威胁到孩子们的生命。考虑以下几点建议：

- 给装饰性的鱼池装上铁丝网；
- 幼儿游泳池内的水使用过后记得排空；
- 孩子们在浴缸内洗澡时需要有大人在一旁监管；
- 不要留孩子独自一人在洗衣房或浴室内玩耍。

用安全护栏将房子和泳池隔开是最重要的安全措施。防护栏最好配备具有自动关闭、自动上锁功能的防护门。清理移走防护栏周围可能会被孩子们用来爬过防护栏或防护门的物体。在很多国家和地区，给泳池安装防护栏是强制性的要求。

室外的疗养浴池也应当像游泳池一样用防护栏隔开。所有的疗养浴池都需要一个固定的遮盖物。室内的疗养室应当安装带锁的门。浴池和浴缸内的水用过后需及时排放清空。

海滩安全

祖父母若居住在海边，或是带着孩子去海边度假，都需要采取一些

安全防范措施。冲浪沙滩对孩子们来说尤其危险。若孩子们之前没有来过冲浪沙滩，安排一个沙滩救生员指导他们如何游泳、在哪个区域游泳。有些沙滩救生俱乐部会在暑假的时候开办针对孩子的课程。

日照安全

曾经，晒黑的皮肤是健康的象征。现在我们意识到它其实代表了紫外线辐射对你皮肤造成的伤害。你不可能让孩子们的皮肤变得"强壮起来"，也不能通过让他们晒黑的方式来保护他们。下面是一些针对日晒的防护建议：

- 鼓励孩子们尽可能地在阴凉处玩耍——日照充足的天气里，不要在上午十一点至下午三点在太阳下玩耍，日照较弱的天气里，不要在上午十点至下午三点在太阳下玩耍；
- 给孩子们戴上军队风格的帽子，宽檐帽或遮阳帽，除了面部之外，它们还能保护孩子们的耳朵和脖子；
- 孩子们应当穿上宽松的防晒T恤衫——最好是长袖高领；此外，还有一种特殊的"从脖子到膝盖"的游泳衣，能够抵挡有害射线的伤害；
- 定期涂抹宽光谱、防水且防晒系数大于三十的防晒霜；孩子们入水前和出水后都需要频繁地涂抹防晒霜；
- 记住，紫外线能够照射到至少水下20厘米处，给孩子们的嘴唇、鼻子和耳朵涂抹上防晒用的含锌软膏；
- 当孩子们在太阳下时，给他们戴上太阳镜。

紧急情况核对清单

安全核对清单在保护孩子们、保护你自己、保护你的宠物以及保护你的房子上都至关重要。万一发生紧急状况，你需要对一些关键信息保持敏感。给家中的每一个孩子制作一份紧急情况核对清单。完成下文的紧急情况核对清单，然后贴在家中显眼的位置。备份一份清单放在你的钱包里，以便当你和孩子们出门的时候需要用到。

紧急情况核对清单

关键信息

姓名：_____

血型：_____

过敏史：_____

药物史：_____

紧急联系方式

父母联系方式

  工作地址：_____

家庭地址：_____

联系电话：_____

学校/幼儿园联系方式：_____

托儿所联系方式：_____

报警电话：_____

火警电话：_____

急救电话：_____

附近医院：_____

医生：_____

火灾应急方案

户外聚集地点：_____

灭火器：_____

居委会：_____

电力公司：_____

燃气公司：_____

电话查询：_____